POHUAI JINRONG GUANLI ZHIXUZUI
DIANXING ZUIMING
LILUN FENXI YU SIFA SHIYONG

破坏金融管理秩序罪
典型罪名
理论分析与司法适用

钱来善　陈可蕊　黄瑞阳　著

法律出版社
LAW PRESS·CHINA
北京

图书在版编目(CIP)数据

破坏金融管理秩序罪典型罪名理论分析与司法适用 / 钱来善，陈可蕊，黄瑞阳著. -- 北京 ：法律出版社，2024

ISBN 978-7-5197-9031-8

Ⅰ. ①破… Ⅱ. ①钱… ②陈… ③黄… Ⅲ. ①破坏社会经济秩序罪—研究—中国 Ⅳ. ①D924.334

中国国家版本馆 CIP 数据核字（2024）第 076257 号

破坏金融管理秩序罪典型罪名理论分析与司法适用
POHUAI JINRONG GUANLI ZHIXUZUI DIANXING ZUIMING LILUN FENXI YU SIFA SHIYONG

钱来善
陈可蕊 著
黄瑞阳

策划编辑 许 睿
责任编辑 许 睿
装帧设计 李 瞻

出版发行 法律出版社
编辑统筹 司法实务出版分社
责任校对 王 丰
责任印制 胡晓雅
经　　销 新华书店

开本 710 毫米×1000 毫米 1/16
印张 12.25　**字数** 202 千
版本 2024 年 6 月第 1 版
印次 2024 年 6 月第 1 次印刷
印刷 北京新生代彩印制版有限公司

地址:北京市丰台区莲花池西里 7 号(100073)
网址:www.lawpress.com.cn
投稿邮箱:info@lawpress.com.cn
举报盗版邮箱:jbwq@lawpress.com.cn
销售电话:010-83938349
客服电话:010-83938350
咨询电话:010-63939796

书号:ISBN 978-7-5197-9031-8
定价:68.00 元

凡购买本社图书,如有印装错误,我社负责退换。电话:010-83938349

序

如果说金融是国民经济的血脉，金融监管则是国家经济安全的重要保障。金融犯罪与金融创新一直是一枚硬币的正反两面。作为危害社会的一颗“毒瘤”，金融犯罪是金融监管不到位的产物，其所引发的金融问题会影响整个国家经济的健康发展。2023 年中央经济工作会议强调，要“持续有效防范化解重点领域风险”，“严厉打击非法金融活动”。2023 年年底最高人民检察院也发布了《最高人民检察院关于充分发挥检察职能作用　依法服务保障金融高质量发展的意见》（以下简称《意见》），围绕全面加强监管和防范化解风险问题，提出履职重点，旨在完善金融检查体制机制、优化金融生态。《意见》强调要加大惩治金融风险高发领域金融犯罪力度，突出打击各种非法金融活动，持续加大对洗钱及其关联犯罪的追诉力度，依法妥善处置中小银行等金融机构风险等刑事检查工作。① 当前金融犯罪案件数量尽管有所下降，但仍高位运行，同时呈现出一些新特点：非法集资类案件名目花样频出，追赃难度进一步增加。非法经营类案件涉及金融业务多发，手段呈现产业化倾向；非法传销类案件网络化趋势明显，犯罪手段越发隐秘；洗钱类案件上游犯罪罪名较为集中，洗钱手段不断迭代更新。可见，随着信息技术与互联网的迅速发展，科技使得资金更高效地在行业间流动，提升了金融业市场的运行效率，激发了金融创新。同时，自然也使原本平稳的市场秩序出现了些许涟漪。金融违规与金融犯罪仅一步之遥，在泥沙俱下，有关边界不明确的情况下，金融企业的风险防控失灵，业务违规操作就可能涉嫌犯罪。故而，在维护金融安全，促进金融行业健康有序发展的过程中，提供明确的刑法学支撑，明确犯罪与刑罚的边界，秉持治罪与治理并重的原则，对于推进金融行业的进程尤为重要。

① 参见《最高检：依法惩治金融领域犯罪　守牢金融安全法治防线》，载央广网，http：//news. cnr. cn/dj/20231228/t20231228_ 526538129. shtml。

由从事金融实务工作，到进入高校从事金融法学教学工作。对于金融领域涉及的各项法律问题从未放下思考与学习。读博期间使我有了更多的洞察、思考与研究金融立法与适用的机会。先前的银行业工作经历以及当下的律师实务工作自然为我的课程教学提供了丰富的案例素材，与此同时，我也发现，即便是金融法的理论研究与实务操作在法理上有着异曲同工之处，但在实践意义上仍存在导向选择之别。消除金融法理论与实务之间的距离感与隔阂感，也是我一直在反复思考的问题。

有鉴于此，浙江师范大学行知学院法学院与浙江玄畅律师事务所以既有实践基地为基础，利用法律辩论、民事法律诊所等实践课程为桥梁，探索应用型法学人才培养模式，尝试将学生分为不同小组，以小组为单位多次开展十二个金融犯罪专题的个案讨论与交流，并邀请法学教师与律师参与，充分发挥双方各自的资源优势，我也有幸参与其中几次，受益良多。在观点碰撞的过程中，既能更全面深刻地理解相关罪名的理论知识点，又能从案例的分析、讨论与写作过程中明显感受到自身在金融法实务能力方面的成长。

本书在某种意义上便是由三位作者在历次参与、指导案例讨论的过程中凝集而成，他（她）们对金融犯罪的诸多经典罪名进行了系统而全面的分析，不仅具有鲜明的实务应用导向，同时也深入个罪背后的法理层面加以思辨，其中还导入经济理论与金融市场实践经验。也正因如此，无论是对法学研究与教育工作者，还是对金融领域的实务工作者，都同样可以借由此书，体味金融法理论与实务之间的观点碰撞，相互受益。

我与本书的第一作者钱来善主任相识已久，共事多年。作为金融领域的资深律师，钱来善主任拥有丰富的办案经验，对金融法也有自己独到的见解。他尽管事务繁忙，却依然致力于金融法的理论与实务研究，还身体力行地提携律师行业的新人，更是在百忙之中拨冗支持法学专业的人才培养工作，对此，我深表钦佩。

站在高处，才能看得远；俯下身来，才能做得实。是为序。

郑　睿

浙江师范大学行知学院

2024 年 4 月 22 日

目录

导　论 1

一、破坏金融管理秩序罪的司法适用问题 1
（一）网络金融犯罪与跨境金融犯罪的治理问题 2
（二）破坏金融管理秩序罪构成要件的解释问题 4
（三）打击金融犯罪与促进金融创新的平衡问题 6
二、破坏金融管理秩序罪的司法适用路径 7
（一）倡导刑事一体化，践行协同共治的模式 7
（二）保持法秩序统一，遵循刑法相对从属性 8
（三）坚持刑法谦抑性，促进金融发展与创新 9
三、本书的基本框架与内容提要 10
（一）本书的基本框架 10
（二）本书的内容提要 11
结　语 11

第一章　高利转贷罪 12

一、相关法律规定 13
（一）《刑法》（2023 年修正） 13
（二）《最高人民检察院、公安部关于公安机关管辖的刑事案件立案追诉标准的规定（二）》（2022 年 4 月 6 日公布） 13
二、构成要件 13
（一）犯罪客体 13
（二）客观方面 14
（三）犯罪主体 15

（四）主观方面 15
三、典型案例 15
案例1 金某某高利转贷案 15
（一）基本案情 15
（二）法院认定及处理 16
案例2 梁某某高利转贷案 17
（一）基本案情 17
（二）法院认定及处理 18
案例3 黄某某高利转贷案 18
（一）基本案情 18
（二）法院认定及处理 18
四、相关问题与法理分析 19
（一）转贷牟利目的产生时间的影响 19
（二）关于“高利”标准的争论 20
（三）关于“违法所得”的认定 21
（四）关于犯罪数额的认定及时间点的计算 22
（五）本罪与骗取贷款罪的关系 22

第二章 擅自设立金融机构罪 23

一、相关法律规定 23
（一）《刑法》（2023年修正） 23
（二）《最高人民检察院、公安部关于公安机关管辖的刑事案件立案追诉标准的规定（二）》（2022年4月6日公布） 24
（三）《中华人民共和国外资保险公司管理条例》（2019年9月30日修正） 24
（四）《商业银行法》（2015年8月29日修正） 24
（五）《证券法》（2019年12月28日第二次修订） 25
（六）《期货和衍生品法》（2022年4月20日公布） 27
（七）《保险法》（2015年4月24日修正） 28

二、构成要件 29
（一）犯罪客体 29
（二）客观方面 29
（三）犯罪主体 29
（四）主观方面 29
三、典型案例 30
案例 1　胡某某擅自设立金融机构案 30
（一）基本案情 30
（二）法院认定及处理 30
案例 2　陈某擅自设立金融机构案 31
（一）基本案情 31
（二）法院认定及处理 31
案例 3　何某某擅自设立金融机构案 32
（一）基本案情 32
（二）法院认定及处理 32
四、相关问题与法理分析 32
（一）关于合法金融机构擅自设立分支机构是否构成本罪的问题 32
（二）关于本罪是行为犯还是结果犯的问题 33
（三）本罪与非法吸收公共存款罪的关系 34
（四）关于取得经营许可证后未经登记而展开金融业务活动是否构成本罪的问题 34
（五）本罪与伪造、变造、转让金融机构经营许可证、批准文件罪的关系 35

第三章　骗取贷款、票据承兑、金融票证罪 36

一、相关法律规定 36
（一）《刑法》（2023 年修正） 36
（二）《商业银行法》（2015 年 8 月 29 日修正） 37
（三）《最高人民检察院、公安部关于公安机关管辖的刑事案件立

案追诉标准的规定（二）》（2022 年 4 月 6 日公布） 37
（四）《浙江省高级人民法院、浙江省人民检察院、浙江省公安厅关于办理骗取贷款、票据承兑、金融票证罪有关法律适用问题的会议纪要》（2015 年 8 月 26 日公布） 37
（五）《贷款通则》（1996 年 6 月 28 日公布） 38
二、构成要件 38
（一）犯罪客体 38
（二）客观方面 39
（三）犯罪主体 40
（四）主观方面 40
三、典型案例 40
（一）以欺骗为手段的司法认定 40
（二）重大损失的司法认定 42
（三）因果关系的司法认定 43
（四）犯罪对象的司法认定 44
四、相关问题与法理分析 45
（一）本罪与贷款诈骗罪的关系 45
（二）骗取贷款案中的贷款合同不当然无效 47

第四章　非法吸收公众存款罪 49

一、相关法律规定 50
（一）《刑法》（2023 年修正） 50
（二）《最高人民法院关于审理非法集资刑事案件具体应用法律若干问题的解释》（2022 年 2 月 23 日公布） 50
（三）《最高人民法院、最高人民检察院关于常见犯罪的量刑指导意见（试行）》（2021 年 6 月 16 日公布） 54
（四）《最高人民法院、最高人民检察院、公安部关于办理非法集资刑事案件若干问题的意见》（2019 年 1 月 30 日公布） 55
（五）《最高人民法院、最高人民检察院、公安部关于办理非法集

资刑事案件适用法律若干问题的意见》(2014 年 3 月 25 日) 60
二、构成要件 63
(一) 犯罪客体 63
(二) 客观方面 63
(三) 犯罪主体 64
(四) 主观方面 65
三、典型案例 65
案例 1　杨某某等人非法吸收公众存款案 65
(一) 基本案情 65
(二) 法院认定及处理 66
案例 2　"e 租宝"集资诈骗、非法吸收公众存款案 66
(一) 基本案情 66
(二) 法院认定及处理 67
案例 3　"昆明泛亚"非法吸收公众存款案 67
(一) 基本案情 67
(二) 法院认定及处理 68
四、相关问题与法理分析 68
(一) 本罪的适用趋势 68
(二) 本罪与集资诈骗罪的关系 69

第五章　伪造、变造金融票证罪 70

一、相关法律规定 70
(一)《刑法》(2023 年修正) 70
(二)《最高人民检察院、公安部关于公安机关管辖的刑事案件立案追诉标准的规定 (二)》(2022 年 4 月 6 日公布) 71
(三)《最高人民法院、最高人民检察院关于办理妨害信用卡管理刑事案件具体应用法律若干问题的解释》(2018 年 11 月 28 日公布) 71

二、构成要件 72
（一）犯罪客体 72
（二）客观方面 72
（三）犯罪主体 75
（四）主观方面 75
三、典型案例 75
案例1 栾某某信用证诈骗、青岛H公司及于某某、T公司及江某伪造金融票证案 75
（一）基本案情 75
（二）法院认定及处理 76
案例2 段某某、杨某某等14人伪造金融票证、非法吸收公众存款案 77
（一）基本案情 77
（二）法院认定及处理 77
案例3 高某窃取信用卡信息、伪造金融票证、信用卡诈骗案 78
（一）基本案情 78
（二）法院认定及处理 78
四、相关问题与法理分析 79
（一）金融票证真实性对认定本罪的影响 79
（二）共同伪造、变造金融票证犯罪的认定与处理 79

第六章 妨害信用卡管理罪 81

一、相关法律规定 81
（一）《刑法》（2023年修正） 81
（二）《最高人民法院、最高人民检察院关于办理妨害信用卡管理刑事案件具体应用法律若干问题的解释》（2018年11月28日公布） 82
二、构成要件 83
（一）犯罪客体 83

（二）客观方面 84
（三）犯罪主体 85
（四）主观方面 85
三、典型案例 86
案例1　艾某、徐某妨害信用卡管理案 86
（一）基本案情 86
（二）法院认定及处理 86
案例2　赖某某、张某某等妨害信用卡管理案 86
（一）基本案情 86
（二）法院认定及处理 87
案例3　曾某等伪造金融票证、妨害信用卡管理案 88
（一）基本案情 88
（二）法院认定及处理 88
四、相关问题和法理分析 88

第七章　擅自发行股票、公司、企业债券罪 91

一、相关法律规定 91
（一）《刑法》（2023 年修正） 91
（二）《最高人民法院关于审理非法集资刑事案件具体应用法律若干问题的解释》（2022 年 2 月 23 日修正） 92
（三）《最高人民法院、最高人民检察院、公安部、中国证券监督管理委员会关于整治非法证券活动有关问题的通知》（2008 年 1 月 2 日公布） 92
（四）《最高人民检察院、公安部关于公安机关管辖的刑事案件立案追诉标准的规定（二）》（2022 年 4 月 6 日公布） 93
二、构成要件 94
（一）犯罪客体 94
（二）客观方面 94
（三）犯罪主体 96

（四）主观方面 96
三、典型案例 97
案例1 江苏某船舶配件有限公司等擅自发行股票、公司、企业债券案 97
（一）基本案情 97
（二）法院认定及处理 98
案例2 张某某擅自发行股票、公司、企业债券案 98
（一）基本案情 98
（二）法院认定及处理 99
案例3 唐某某擅自发行股票、公司、企业债券案 100
（一）基本案情 100
（二）法院认定及处理 100
四、相关问题与法理分析 101
（一）本罪与集资诈骗罪的关系 101
（二）本罪与欺诈发行股票债券罪的关系 101

第八章 内幕交易、泄露内幕信息罪 103

一、相关法律规定 103
（一）《刑法》（2023年修正） 103
（二）《最高人民法院、最高人民检察院关于办理内幕交易、泄露内幕信息刑事案件具体应用法律若干问题的解释》（2012年2月27日公布） 104
（三）《最高人民检察院、公安部关于公安机关管辖的刑事案件立案追诉标准的规定（二）》（2022年4月6日公布） 107
二、构成要件 107
（一）犯罪客体 107
（二）客观方面 108
（三）犯罪主体 109
（四）主观方面 110

三、典型案例 111
案例 1　黄某某内幕交易、泄露内幕信息案 111
（一）基本案情 111
（二）法院认定及处理 111
案例 2　杜某某内幕交易、泄露内幕信息案 112
（一）基本案情 112
（二）法院认定及处理 113
案例 3　顾某某内幕交易、泄露内幕信息案 113
（一）基本案情 113
（二）法院认定及处理 114
四、相关问题与法理分析 114
（一）主体的认定 114
（二）内幕信息的认定 115
（三）行为的认定 116
（四）数额的认定 117

第九章　操纵证券、期货市场罪 118

一、相关法律规定 118
（一）《刑法》（2023 年修正） 118
（二）《最高人民法院、最高人民检察院关于办理操纵证券、期货市场刑事案件适用法律若干问题的解释》（2019 年 6 月 27 日公布） 119
（三）《最高人民检察院、公安部关于公安机关管辖的刑事案件立案追诉标准的规定（二）》（2022 年 4 月 6 日公布） 123
二、构成要件 125
（一）犯罪客体 125
（二）客观方面 125
（三）犯罪主体 126
（四）主观方面 126

三、典型案例 127
案例 1 朱某某操纵证券、期货市场案 127
（一）基本案情 127
（二）法院认定及处理 127
案例 2 王某等操纵证券、期货市场案 128
（一）基本案情 128
（二）法院认定及处理 128
案例 3 吴某某操纵证券、期货市场案 129
（一）基本案情 129
（二）法院认定及处理 129
四、相关问题与法理分析 130
（一）本罪与诈骗罪的关系 130
（二）本罪与职务侵占罪的关系 130
（三）本罪与内幕交易、泄露内幕信息罪的关系 130

第十章 违法发放贷款罪 132

一、相关法律规定 132
（一）《刑法》（2023 年修正） 132
（二）《商业银行法》（2015 年 8 月 29 日修正） 133
（三）《最高人民检察院、公安部关于公安机关管辖的刑事案件立案追诉标准的规定（二）》（2022 年 4 月 6 日公布） 133
（四）《贷款通则》（1996 年 6 月 28 日公布） 133
（五）《金融违法行为处罚办法》（1999 年 2 月 22 日发布） 136
二、构成要件 137
（一）犯罪客体 137
（二）客观方面 137
（三）犯罪主体 138
（四）主观方面 138

三、典型案例 138
案例 1 傅某某违法发放贷款案 138
（一）基本案情 138
（二）法院认定及处理 139
案例 2 宋某某违规出具金融票证、违法发放贷款、非国家工作人员受贿案 140
（一）基本案情 140
（二）法院认定及处理 140
案例 3 职某某违法发放贷款案 141
（一）基本案情 141
（二）法院认定及处理 141
四、相关问题与法理分析 141
（一）本罪的司法适用问题 141
（二）本罪与违规出具金融票证罪的关系 143

第十一章 逃汇罪 145

一、相关法律规定 146
（一）《刑法》（2023 年修正） 146
（二）《最高人民法院关于审理骗购外汇、非法买卖外汇刑事案件具体应用法律若干问题的解释》（1998 年 8 月 28 日公布） 146
（三）《中华人民共和国外汇管理条例》（2008 年 8 月 5 日公布） 146
（四）《关于骗购外汇、非法套汇、逃汇、非法买卖外汇等违反外汇管理规定行为的行政处分或者纪律处分暂行规定》（2011 年 1 月 8 日修订） 153
（五）《个人外汇管理办法》（2006 年 12 月 25 日公布） 153
（六）《最高人民检察院、公安部关于公安机关管辖的刑事案件立案追诉标准的规定（二）》（2022 年 4 月 6 日公布） 154
二、构成要件 154
（一）犯罪客体 154

（二）客观方面 154
（三）犯罪主体 155
（四）主观方面 155
三、典型案例 156
案例1 王某某、上海某某实业有限公司逃汇案 156
（一）基本案情 156
（二）法院认定及处理 157
案例2 浙江顶某出口有限公司、台州市天某贸易有限公司、项某某逃汇案 157
（一）基本案情 157
（二）法院认定及处理 158
案例3 李某逃汇案 159
（一）基本案情 159
（二）法院认定及处理 159
四、相关问题与法理分析 160
（一）本罪与骗购外汇罪的关系 160
（二）本罪与走私罪的关系 160
（三）本罪与隐瞒境外存款罪的关系 161

第十二章 洗钱罪 162

一、相关法律规定 163
（一）《刑法》（2023年修正） 163
（二）《最高人民法院关于审理洗钱等刑事案件具体应用法律若干问题的解释》（2009年11月4日公布） 163
二、构成要件 165
（一）犯罪客体 165
（二）客观方面 167
（三）犯罪主体 169
（四）主观方面 169

三、典型案例 170
案例 1　潘某某等洗钱案 170
（一）基本案情 170
（二）法院认定及处理 170
案例 2　袁某某洗钱案 171
（一）基本案情 171
（二）法院认定及处理 171
案例 3　齐某某洗钱案 172
（一）基本案情 172
（二）法院认定及处理 172
四、相关问题与法理分析 173
（一）本罪的司法适用问题 173
（二）自洗钱与上游犯罪的竞合问题 175
（三）本罪其他掩饰、隐瞒犯罪所得类犯罪的竞合问题 176

后　记 178

导 论

金融在现代经济中占据着核心地位，金融安全也是国家安全的重要组成部分。随着互联网的发展以及金融全球一体化的趋势，我国的金融安全面临新的风险与挑战。2022 年 10 月 16 日，中国共产党第二十次全国代表大会报告提出，要“加强和完善现代金融监管，强化金融稳定保障体系，依法将各类金融活动全部纳入监管，守住不发生系统性风险底线”。2023 年 3 月 16 日，中共中央、国务院印发《党和国家机构改革方案》，其中将深化中央和地方金融监管体制机制改革作为重要内容。可见，预防金融风险与维护金融安全是国家工作的重要任务。

法律作为治国之重器，应当对金融活动进行约束。早在 20 世纪 90 年代，我国金融市场形成之初，刑法就已介入金融活动。1995 年，全国人民代表大会常务委员会颁布实施了《关于惩治破坏金融秩序犯罪的决定》，并以规制金融诈骗犯罪作为核心内容。在 1997 年《刑法》中，立法者将“破坏金融管理秩序罪”与“金融诈骗罪”分为两节独立的内容。但由于金融诈骗罪中“非法占有目的”的证明难度极高，所以作为更具有兜底性的破坏金融管理秩序罪明显更能发挥加强金融监管以及预防金融风险的作用，金融犯罪的立法从以金融诈骗罪为核心逐渐转向以破坏金融管理秩序罪为核心。在司法实践中，破坏金融管理秩序犯罪的发生率也逐渐高于金融诈骗犯罪。因此，本书以破坏金融管理秩序罪作为研究对象，针对该类犯罪的司法适用问题，探索其司法适用路径，并对该类犯罪的 12 个主要罪名进行梳理和分析。

一、破坏金融管理秩序罪的司法适用问题

如前所述，鉴于破坏金融管理秩序罪能够起到预防金融风险的重要作用，在积极立法观的指导下，历年的刑法修正案都是通过扩大规范构成要件要素

范围、提高量刑档次、删除罚金限额比例等方式加大对该类犯罪的打击力度，为总体上依法惩治各类金融犯罪提供充分的制度保障。但是，法律的价值在于实践，虽然立法在不断完善，但司法可能还是难以跟上应对新型犯罪类型的步伐。因此，本书总结了破坏金融管理秩序罪在司法适用中出现的常见典型问题，旨在探寻司法实践中规制破坏金融管理秩序罪的适宜路径。

（一）网络金融犯罪与跨境金融犯罪的治理问题

1. 网络金融犯罪的治理问题

以互联网为代表的现代信息科技，特别是移动支付、社交网络、搜索引擎和云计算等，使传统金融活动在市场信息不对称程度降低、交易程序简化、交易成本减少的情况下进行。① 这种互联网金融模式在促进金融民主化与大众化的同时，也由于监管困难等原因引发一系列违法犯罪问题。所以，在 2017 年 6 月 2 日，最高人民检察院针对新兴互联网领域的金融犯罪问题，专门发布了《关于办理涉网络金融犯罪案件有关问题座谈会纪要》，对相关争议问题作出回应。

基于互联网技术专业性以及互联网金融受众平民化的特点，网络金融犯罪也呈现出组织性、高科技性以及涉众性的特点。由于从事互联网和金融业务都需要有专业的知识储备，所以网络金融犯罪的主体往往是金融专业和计算机专业的人才，其熟悉金融活动的各个环节及运作方式，甚至研究过相关金融法律。这些主体能够对犯罪活动进行周密的策划与组织，并且其内部有明确而具体的分工。互联网金融基于平民化特点，其受众大多是普通老百姓，且所涉范围极广。上述特点都给侦查机关查明网络金融犯罪的案件事实以及追赃活动带来了极大的阻碍，且出现举证困难、难以定罪等问题。

此外，互联网金融涉及 P2P 网络借贷、股权众筹、第三方支付、互联网保险、通过互联网开展资产管理及跨界从事金融业务等多个金融领域，行为方式多样，所涉法律关系复杂。因此，在面临复杂多层的犯罪活动以及不同类型的案件时，我们难以掌握罪与非罪、此罪与彼罪的区分标准。比如，在金融改革创新的时代背景下，会有犯罪分子以金融创新为名实施犯罪，利用

---

① 参见谢平、邹传伟：《互联网金融模式研究》，载《金融研究》2012 年第 12 期。

区块链技术通过发行虚拟货币等方式进行非法集资，利诱投资者一步步迈入陷阱。对于类似行为，是否应纳入刑事处罚范畴，以及如何界定金融创新行为、是非法吸收公众存款罪还是集资诈骗罪是值得探讨的问题。

2. 跨境金融犯罪的治理问题

1.0 时代的网络犯罪与 2.0 时代的网络犯罪的区分点在于，行为人是将计算机作为犯罪对象还是犯罪工具。在以计算机为犯罪对象的网络 1.0 时代，互联网的发展还未达到“互通”的程度，网民只能作为信息的接收者。[①] 正如彼得斯坦纳的漫画所体现的，在互联网上，没有人知道你是一条狗。在以计算机为犯罪工具的网络 2.0 时代，互联网使信息的获取与传播极为便利，在互联网上，大家都是透明人。网络和信息的发展，在加快信息传播速度的同时，使金融市场也呈现一体化和全球化趋势，并加剧了我国金融业的跨境金融风险。

与此同时，加入世界贸易组织为我国的对外经济贸易发展提供了良好的机遇，并进一步加强了我国与世界各国各地区的经贸联系。但是，国内整体的经济管理体制以及法治建设并没有完全跟上步伐，使一些境外势力有了可乘之机。比如，公安部根据中央反腐败协调小组“天网 2021”行动统一部署，组织开展打击利用离岸公司和地下钱庄向境外转移赃款专项行动，严厉打击各类地下钱庄和洗钱犯罪活动。根据《2021 年中国反洗钱报告》，2021 年，全国检察机关共批准逮捕涉嫌洗钱犯罪案件 15,408 起 28,938 人、提起公诉 24,341 起 47,025 人。[②] 当然，通过《刑法修正案（十一）》的颁布及实施，刑事立法上已经对跨境金融犯罪的诸多问题进行调整，但司法活动中还是面临举证困难以及罪名难以区分等问题。

跨境金融犯罪还包括国内的犯罪主体与国外的犯罪主体相互勾结，套取我国金融机构的资金或者非法转移外汇的情况。行为人会利用不同身份和国籍，套取金融机构资金，再进行高利转贷，并且通过高科技的复杂金融运作将赃款转移至境外。这些犯罪行为，一方面，导致对于打击逃汇罪、洗钱罪

---

① 参见吴尚聪等：《我国网络犯罪发展及其立法、司法、理论应对的历史梳理》，载《政治与法律》2018 年第 1 期。

② 参见中国人民银行发布的《2021 年中国反洗钱报告》，载新浪财经，https：//finance. sina. com. cn/trust/2023 -02 -10/doc -lmyfffmn6226673. shtml。

以及高利转贷罪等的司法认定困难进而阻碍打击犯罪的活动；另一方面，大量赃款被转移至境外，给犯罪数额、获利数额的认定和公安机关的追赃也加大了难度。

（二）破坏金融管理秩序罪构成要件的解释问题

我国现行的犯罪构成，由犯罪客体、犯罪客观要件、犯罪主体、犯罪主观要件组成。要件之下的具体要素，如危害行为、危害结果、犯罪方法、犯罪时间、犯罪地点、主体身份等，就是构成要件要素，[①] 而破坏金融管理秩序罪在分则中的罪状都是以各种构成要件要素组成的。从学理上看，构成要件要素可以进一步划分为记述的构成要件要素和规范的构成要件要素。二者的区别在于除了对构成要件要素进行合理解释之外，还需要根据一定的标准和法律评价判断某一案件事实是否符合该构成要件。金融犯罪当中，特别是破坏金融管理秩序罪，则存在大量表现为金融专业术语的规范构成要件要素。

从客观层面来看，破坏金融管理秩序罪中的规范要件要素主要包括前置性条件和罪量要素。首先，前置性条件是指破坏金融管理秩序罪的构成要求先违反前置部门法的相关规定，在《刑法》条文中一般表现为“违反有关国家规定”。而前置性条件的认定往往给司法机关带来一定的困扰。一方面，相较于金融机构业务种类的不断创新，刑法对涉及金融领域的规范构成要件要素的修改并不多。随着金融业务种类的不断增加与迭代，新型金融犯罪案件中的金融业务是否应解释为符合相应条文所规定的构成要件，容易出现争议，有时会出现形式判断和实质判断之争。[②] 比如，《刑法》第一百七十五条之一规定了骗取贷款、票据承兑、金融票证罪，那么商业银行通过“影子银行”业务提供的融资服务是否可以解释为“贷款”就值得商榷。另一方面，鉴于金融术语的专业性，在未掌握其他部门法以及相关金融知识的情况下，司法机关难以对这些规范构成要件要素进行解释与应用。

其次，在认定犯罪时，不仅要求该行为具有一般违法性，还需要进一步考虑刑法所特有的规范内容——罪量要素，即确定行为的社会危害性应达到

---

① 参见张明楷：《规范的构成要件要素》，载《法学研究》2007 年第 6 期。

② 参见张晓津：《金融安全的刑法保护边界》，载《政法论坛》2023 年第 6 期。

何种程度。[①] 在破坏金融管理秩序罪中，罪量要素一般体现在《刑法》条文和各司法解释的追诉标准中。虽然上述追诉标准属于刑事实体法的内容，但是侦查机关和检察机关可以根据追诉标准所确定的定罪情节，确定对破坏金融管理秩序之危害行为进行立案侦查或者起诉所需要的证据材料，从而发挥了犯罪构成对刑事诉讼活动之指导形象的作用。[②] 综观破坏金融管理秩序罪的相关司法解释，可以看出最高人民法院、最高人民检察院以及公安部对各个罪名都在结合实务案例的基础上，对其追诉标准等进行了详尽的规定。但是，司法实践中亦存在着对追诉标准进行机械化适用的现象，一些案件并未结合立法目的与刑法的体系进行思考和论证。

从主观层面来看，破坏金融管理秩序罪中的规范要件要素主要是指主观明知。依据我国《刑法》第十四条的规定，犯罪故意的构成以明知自己的行为会发生危害社会的结果为前提。具体而言，明知的内容应当包括法律所规定的构成某种故意犯罪所不可缺少的危害事实，亦即作为犯罪构成要件的客观事实。[③] 那么如前所述，破坏金融管理秩序罪中的明知内容也应当包括各类构成要件要素。

然而，相较于记述性构成要件要素，对规范构成要件要素是否要求达到主观明知则是个有争议的问题。破坏金融管理秩序罪在理论上也被称为法定犯，其规范构成要件要素存在大量专业的金融术语。此前，越来越多的学者主张在法定犯中需要特别考察行为人是否具有违法性认识可能性。[④] 那么对于破坏金融管理秩序罪来说，也必然产生行为人主观上是否要对各规范构成要件要素达到主观明知，即违法性认识判断的必要性问题。特别是在涉互联网金融等金融创新活动等犯罪案件中，由于互联网金融本身属于新生事物，缺乏违法性认识经常成为无罪辩解的主要理由。[⑤] 因此，对于在此类案件中辩护人提出的行为人不具有违法性认识的可能性，其主观上因不具有明知而不构

---

① 参见陈少青：《罪量与可罚性》，载《中国刑事法杂志》2017 年第 1 期。

② 参见［日］小野清一郎：《犯罪构成要件理论》，王泰译，中国人民公安大学出版社 2004 年版，第 206 页。

③ 参见高铭暄、马克昌主编：《刑法学》（第 3 版），北京大学出版社、高等教育出版社 2007 年版，第 117 页。

④ 参见张明楷：《刑法学》（上）（第 6 版），法律出版社 2021 年版，第 418 页。

⑤ 参见张晓津：《金融安全的刑法保护边界》，载《政法论坛》2023 年第 6 期。

成犯罪故意的无罪辩护理由，会成为司法机关需要应对的问题。

（三）打击金融犯罪与促进金融创新的平衡问题

立足于我国的经济体制以及初步形成的金融市场，在我国治理金融犯罪实践的初期，立法者就选择了金融管理本位主义。[①] 在这种模式的影响下，政府强调对金融市场的帮扶，具体投射到金融刑法领域，就表现为以政府管控为主，以市场自律为辅[②]。所以，我国的金融市场自律机制就比较薄弱，在互联网金融的发展下，新型金融活动的发展往往是剑走偏锋，如P2P平台早期的迅猛发展就体现了金融创新活动的风险性以及金融监管的形式主义。一方面，金融创新活动依然存在金融活动本身的风险。互联网金融发展的初心是，互联网可以用云数据计算取代小数据时代的抽样统计方式，使计算结果更具有统计学意义，同时可以获得抽样所无法描述的多维度的细节信息，从而解决经济活动中信息不对称的问题，完善金融识别信用风险的能力，通过新兴金融技术手段颠覆传统的金融融资路径、重构个体金融地位以及国家金融市场。[③] 但是，以P2P网络借贷为代表的互联网金融业态并没有真正利用信息技术控制传统金融活动的风险，只是借助互联网途径扩展金融服务受众和金融业务规模，与互联网金融发展的初心完全背道而驰。这种所谓的“金融创新”不仅没有起到控制风险的作用，反而没有任何节制地放大了风险，最终导致这个行业的集体退出。另一方面，金融监管及打击金融犯罪的具体活动在某种程度上由于并未认识到金融活动的本质，只是机械化地运用各种规范，导致难以区分。

然而，由于“金融创新是金融发展的基本动力”[④]，金融创新活动依然会蓬勃发展，而金融创新与金融犯罪的界限区分依然是亟须解决的问题。随着P2P网贷平台的陆续出清，这一业务模式因自身缺陷和从业者乱象退出了历

---

① 参见刘远：《我国治理金融犯罪的政策抉择与模式转换》，载《中国刑事法杂志》2010年第7期。

② 参见张小宁：《金融刑法中的抑制模式》，载《法学》2022年第10期。

③ 参见赵炳昊：《应对加密数字货币监管挑战的域外经验与中国方案——以稳定币为切入点》，载《政法论坛》2022年第2期。

④ 胡健：《中国人民大学副校长吴晓求：金融创新仍然是中国金融发展的基本动力》，载《每日经济新闻》2018年11月2日，第11版。

史舞台，但是区块链、元宇宙、虚拟币等新金融业态仍打着金融创新的旗号日益涌现。如何保持加强金融监管、打击金融犯罪、预防金融风险与促进金融创新及发展之间的平衡状态，是现行工作所面临的重要问题。

二、破坏金融管理秩序罪的司法适用路径

古有孟子所言“徒法不能以自行”，即使有日益完善的立法，若不付诸实践，也无法实现惩治以及预防犯罪的目的。因此，对于破坏金融管理秩序类犯罪，我国当前的主要任务在于探寻合适的司法适用路径，加强和完善司法机关的职能，以充分发挥其在惩治和预防金融犯罪方面所起的作用。

（一）倡导刑事一体化，践行协同共治的模式

刑事一体化思想是储槐植教授在20世纪80年代末提出的，“具体而言，‘刑事’是指治理犯罪的相关事项，其外延涵盖犯罪、刑法（包含实体和程序）、刑罚制度与执行等。‘一体化’是指相关事项深度融通”。[①] 面对网络金融犯罪及跨境金融犯罪出现的治理问题，应当在司法活动中贯彻刑事一体化理念，将刑事实体法与刑事程序法融会贯通，采用协同共治的综合治理方式。

一方面，针对网络金融犯罪及跨境金融犯罪中出现的举证难问题，应当结合刑事程序法的证据制度对刑事实体法上定罪量刑的要件进行分析。因为罪名规范是刑法的主体内容，判断一个人的行为是否符合某个罪名，是通过构成要件判断的，而构成要件事实正是刑事诉讼所要证明的。[②] 所以在具体案件中，应当结合刑事诉讼法中的举证责任分配制度、证明标准及证明方法等内容，并根据相应的司法解释规定、参考指导性案例等可适用的依据，对如犯罪数额、主观目的等要件进行分析。另一方面，网络金融犯罪与跨境金融犯罪的技术性、跨国性和隐蔽性等特点，又带来一系列司法难题，如犯罪嫌疑人归案、追赃问题以及被害预防等。可以说，此类犯罪对刑事法律的挑战，最大的不在实体法层面，而在程序法、犯罪治理层面。

① 储槐植、闫雨：《刑事一体化践行》，载《中国法学》2013年第2期。

② 参见李勇：《跨越实体与程序的鸿沟——刑事一体化走向深入的第一步》，载《法治现代化研究》2020年第1期。

总之，对新型破坏金融管理秩序犯罪的治理应当秉承刑事一体化理念，推行协同共治模式，联合侦查机关、检察机关、互联网企业、网络运营商和网民等社会各个方面，拓宽治理主体和治理手段，形成公私结合、部门联合、线上线下互动和国内国际配合的多维治理格局，以预防系统性金融风险，遏制犯罪发生或蔓延的态势。

（二）保持法秩序统一，遵循刑法相对从属性

法秩序统一性的原理由德国的卡尔·恩吉施最早提出，其指出“法秩序的统一性要求排除法规范之间的矛盾，排除法规范之间的矛盾要求违法判断的统一性”。[①] 然而，由于不同部门法所追求的主要目的可能是不同的，因而对行为合法与违法的判断，以及对某一行为的价值判断趋向也会有所不同。因此，相较于德国早期的违法一元论，以刑法相对从属于前置法为特点的缓和违法一元论成为世界各国的主流观点。

所谓在法秩序统一的基础上保持刑法相对从属性，具体可以理解为：如果某一行为是为前置法场合所允许的，那么刑法也应当认可其正当性；而前置法若禁止该行为将其评价为不法，其在刑法上不一定具有违法性，还应当结合其是否具有“可罚的违法性”进一步判断。[②]

如果将上述理念适用于破坏金融管理秩序罪，其一则要求对刑法条文中金融犯罪规范构成要件要素的解释，应当与有关金融法律规定中的定义保持一致，不能偏离金融法律规定确定的边界。对于刑法条文中规范构成要件要素的准确解释，直接决定了破坏金融管理秩序罪与非罪、此罪与彼罪的区分，必须在法秩序统一性原理的指导下，遵循妥当的法律解释方法，否则就会造成刑法适用的恣意和法律的内在冲突。在司法实践中，要熟悉相关金融业务规则、法律依据，不能仅根据刑法规定就直接对案件性质进行判断，所以在相关刑法条文的适用上，应当进一步倡导跨部门法的交叉研究论证。

其二，在法秩序统一的基础上还应当保持刑法的相对从属性，体现在认

---

① ［日］井田良：《刑法总论的理论构造》，秦一禾译，中国政法大学出版社 2021 年版，第 141 页。

② 参见孙国祥：《民法免责事由与刑法出罪事由的互动关系研究》，载《现代法学》2020 年第 4 期。

定行为在违反前置法的前提下，构成犯罪还要求具有“可罚的违法性”。这种“可罚的违法性”则需要在刑法体系中进行内部论证，并结合行为的社会危害性进行实质意义上的理解，其在我国刑法的运用主要表现为各种罪量要素，包括司法解释中的各种追诉标准。鉴于最高司法机关对破坏金融管理秩序罪出台了诸多司法解释，实务中则需要司法机关在形式认定的基础上，结合行为社会危害性，以及主观上是否具有违法性认识可能性等因素对该类犯罪的追诉条件进行实质认定。针对机械化适用追诉标准的司法现象，立法上也进行了部分调整，具体表现为《刑法修正案（十一）》删除骗取贷款罪中的“其他严重情节”。此前，2010 年的《最高人民检察院、公安部关于公安机关管辖的刑事案件立案追诉标准的规定（二）》将该罪的“其他严重情节”细化为“以欺骗手段取得贷款，数额在 100 万元以上的”，从而在司法实践中出现了“唯数额论”的情况。

此外，对于破坏金融管理秩序罪中的主观明知内容以及违法性认识错误的问题，本质上是一个证据判断的问题。[①] 就该类犯罪而言，金融法律规定是明确的，从事金融犯罪活动的人员不能简单地以不知法作为免责事由，只有出现违法性认识错误难以避免的特定情形才可以排除犯罪故意的成立。理论上认为，行为人主张因存在违法性认识错误而排除主观明知的理由主要包括：（1）行为人误以为其违法行为属于合法行为，原因包括误认为规范不存在、规范不禁止或规范无效；（2）行为人认识到行为被法律政策所禁止，但误以为存在正当化因素，或主管机关有明确的意见认定行为不违法并为行为人所信赖。[②] 对此，在实践中应根据个案中的不同情况，对行为人产生上述错误的可避免性进行进一步审查，在实践中主要依据裁判规则进行推论，或者运用刑事推定进行认定。

（三）坚持刑法谦抑性，促进金融发展与创新

如前所述，刑事立法对破坏金融管理秩序罪在内的金融犯罪一直呈现扩张趋势。刑法作为最后一道防线，依然能够通过司法限缩的手段保持实质意

① 参见张晓津：《金融安全的刑法保护边界》，载《政法论坛》2023 年第 6 期。

② 参见田宏杰：《走向现代刑法：违法性认识的规范展开》，载《政法论坛》2021 年第 1 期。

义上的谦抑性。刑事司法的限缩路径包括对刑法规范的限缩适用和构建前置法优先处理的刑事案件处理模式。①

首先，对刑法规范的限缩适用可以通过刑法的解释方法和刑事政策加以实现。比如，对于真正的金融创新活动，可以在罪刑法定原则的基础上，对各构成要件进行合理解释。即便某些活动客观上符合形式要件的规定，也可以在宽严相济刑事政策的指导下，通过但书规定进行适当出罪。比如，《最高人民法院关于审理非法集资刑事案件具体应用法律若干问题的解释》相关规定，非法吸收或者变相吸收公众存款，主要用于正常的生产经营活动，能够在提起公诉前清退所吸收资金，可以免予刑事处罚；情节显著轻微的，不作为犯罪处理。上述司法解释其实就贯彻了司法限缩和刑法谦抑的精神。

其次，所谓前置法优先处理的模式，是指有别于传统法院的“先刑后民”模式，司法机关应同时开展民事、行政的审判工作以及刑事的侦查、审查起诉等工作。特别是对破坏金融管理秩序犯罪，其惩治犯罪的主要目的在于预防金融风险，刑事处罚只是最后的手段。在具体工作中应当坚持治罪与治理并重，努力把问题和风险尽量消除在前端。采用前置法优先处理模式，更能发挥预防金融风险的作用，既可以通过刑事案件立案前的初查，为案件所涉之行政或民事诉讼的正常进行提供有力的力量增援和手段保障，又可以借助行政处理或民事诉讼为刑事案件的立案及其后续程序的展开提供专业帮助。此外，如果采用前置法优先处理的案件处理模式，则意味着不同部门法对防范金融风险工作进行了共同发力，从侧面来看也有助于促进对金融活动的监管，有利于金融领域的创新与发展。

三、本书的基本框架与内容提要

为了解决破坏金融管理秩序罪的司法适用问题，本书在遵循上述司法适用路径的前提下，对该类犯罪中的12个主要罪名进行了分析和研究。

（一）本书的基本框架

从基本框架上看，本书正文部分分为12个章节，每个章节对应破坏金融

① 参见田宏杰：《立法扩张与司法限缩：刑法谦抑性的展开》，载《中国法学》2020年第1期。

管理秩序罪中的一个主要罪名，具体包括（以《刑法》条文顺序为本书各章的排列顺序）：高利转贷罪；擅自设立金融机构罪；骗取贷款、票据承兑、金融票证罪；非法吸收公众存款罪；伪造、变造金融票证罪；妨害信用卡管理罪；擅自发行股票、公司、企业债券罪；内幕交易、泄露内幕信息罪；操纵证券、期货市场罪；违法发放贷款罪；逃汇罪；洗钱罪。此外，每个章节的内容可以进一步划分为 4 个部分，具体包括：相关法律规定；构成要件；典型案例；相关问题与法理分析。

（二）本书的内容提要

本书的正文部分以个罪的立法目的及立法沿革为引入，着重梳理了该罪的刑法规定、追诉标准的相关司法解释以及前置法的各项规定，为保持法秩序的统一性提供了基本的遵循依据。基于破坏金融管理秩序罪构成要件要素认定困难的问题，本书以传统四要件为体系，并结合相关司法解释、实务案例以及理论通说对各构成要件要素加以明确。此外，本书还给每个罪名整理了典型案例，为阅读本书的司法工作人员或者其他法律从业者提供了案例指引。针对各个罪名的特殊理论争议问题，特别是罪名适用问题，本书在每个章节的最后部分均进行了整理和分析。

结　语

金融领域是新时代关系国计民生发展的重要领域，金融风险的产生将会引起社会的动荡，因此惩治与预防金融犯罪是国家以及法律的重要任务。随着时代的发展，新兴的金融风险以及刑法中的固有问题导致了司法适用中的诸多问题。对此，笔者也只能在浅显的研究基础上，对破坏金融管理秩序罪的主要罪名进行梳理分析，为国家的金融风险防范工作敬献一份绵薄之力。

第一章　高利转贷罪

一般而言，贷款业务既是金融机构的利润来源，也是其生存的基石。在改革开放之前，由于我国对金融机构的贷款业务一直采用计划性管理措施，加之政府的强势干预，民间相互之间的转贷行为比较少见。因此，1979 年的《刑法》并未设置高利转贷罪。随着我国市场经济的进一步深入，民营企业获得了长足发展，一些企业需要在短时间内获取大量资金扩大生产，但银行放贷需根据其信用评级体系，因而部分企业由于评级不足无法获得大额贷款，贷款需求量的增加与银行放贷限制之间的矛盾催生了贷款资质投机分子，这些贷款资质投机分子套取金融机构的信贷资金后通过高利转贷的非法牟利的行为逐渐增多。久而久之，此类行为对我国金融秩序的影响逐渐扩大，同时也影响了金融机构原来的贷款业务，所以 1997 年的《刑法》中增设了高利转贷罪。

如今刑法即便经历了多次修订，高利转贷罪在罪状表述上并未发生过变化。但是对于高利转贷罪的立案标准，或者其构成要件之一“违法所得数额较大”的认定，随着司法实践的发展发生了多次变革。比如，2001 年的《关于经济犯罪案件追诉标准的规定》第二十三条将违法所得数额根据个人与单位区分了不同标准。2010 年的《最高人民检察院、公安部关于公安机关管辖的刑事案件立案追诉标准的规定（二）》第二十六条将本罪的立案标准定为违法所得数额在 10 万元以上以及“虽未达到上述数额标准，但两年内因高利转贷受过行政处罚二次以上，又高利转贷的”。2022 年的《最高人民检察院、公安部关于公安机关管辖的刑事案件立案追诉标准的规定（二）》删除了行政处罚的入罪条件，并将最低违法所得额提升为 50 万元。

一、相关法律规定[①]

（一）《刑法》（2023 年修正）

第一百七十五条　以转贷牟利为目的，套取金融机构信贷资金高利转贷他人，违法所得数额较大的，处三年以下有期徒刑或者拘役，并处违法所得一倍以上五倍以下罚金；数额巨大的，处三年以上七年以下有期徒刑，并处违法所得一倍以上五倍以下罚金。

单位犯前款罪的，对单位判处罚金，并对其直接负责的主管人员和其他直接责任人员，处三年以下有期徒刑或者拘役。

（二）《最高人民检察院、公安部关于公安机关管辖的刑事案件立案追诉标准的规定（二）》（2022 年 4 月 6 日公布）

第二十一条　〔高利转贷案（刑法第一百七十五条）〕以转贷牟利为目的，套取金融机构信贷资金高利转贷他人，违法所得数额在五十万元以上的，应予立案追诉。

二、构成要件

（一）犯罪客体

本罪的犯罪客体是国家的金融市场管理秩序，进一步地说，是国家对金融机构信贷资金的发放及利率管理秩序。此处的金融机构包括银行及其他非银行金融机构，对其所有制性质没有限制。银行是指我国四大国有独资商业银行和众多由投资主体合资经营的商业银行，以及具有集体性质的城市银行等。四大国有商业银行指中国银行、农业银行、工商银行和建设银行，由市场投资主体经营的商业银行有民生银行、广发银行、兴业银行、交通银行等。城市合作制银行多以城市命名。非银行金融机构有保险公司、金融租赁公司、信托投资部门等有资格进行存贷款发放与收回等金融机构。

---

① 本部分中法律法规、司法解释等均是与本章罪名紧密相关的条款，且为节录，余同。

（二）客观方面

根据法条表述，本罪的客观方面表现为套取金融机构信贷资金高利转贷他人，违法所得数额较大。对此规定可以总结为以下三个条件：（1）行为人套取金融机构的信贷资金；（2）将信贷资金采用高额利率转贷给他人；（3）违法所得数额较大。

首先，对套取金融机构信贷资金的认定，可以从套取行为与信贷资金两个方面入手。一方面，根据中国人民银行发布的《贷款通则》的规定，不得套取贷款用于借贷牟取非法收入；可以认为，凡是以用于借贷牟取非法收入为目的而取得金融机构贷款的，均属于套取金融机构贷款。由于相关法规禁止套取贷款转贷牟利，所以行为主体一般会以虚假的贷款理由或者贷款条件向金融机构申请贷款。但是，这并不意味着本罪的套取行为必须具有欺骗性质。在行为人与金融机构负责人通谋，金融机构负责人知道真相仍然发放贷款的，转贷行为依然成立本罪（对金融机构负责人的行为视具体情形认定为违法发放贷款罪或者其他犯罪）。另一方面，信贷资金是金融机构作为贷款发放的资金，包括担保贷款资金与信用贷款资金。

其次，对高利转贷行为的认定，可以从转贷行为认定以及高利的认定标准入手。其一，转贷行为是指行为人在取得资金以后，把得到的信贷资金以高利转贷给他人，从中获取不正当的利益。常出现如下几种形式：（1）套取新贷款用来归还旧贷款的行为；（2）一手贷款一手放贷的行为；（3）与金融机构职员串通一气的行为；（4）将自有资金转贷牟利的行为；（5）不按约定使用信贷资金，将钱款当作货物的定金进而获得低价货物的行为。此外，高利转贷的本质是通过资金转移实现非法牟利，因此，资金转移的方式是认定高利转贷罪的关键。资金转移方式包括直接转账、借贷等，其中，以借贷方式为主要手段的高利转贷罪，最容易被认定。若行为人以转贷牟利为目的，套取金融机构的信贷资金后，表面上将该部分资金用于生产经营，但将自有资金高利借贷他人，因为资金系种类物，行为人实质上是将银行的信贷资金用于高利转贷，其行为应符合高利转贷的犯罪构成。其二，对于“高利”的认定，按我国法律的规定，借贷利率最高不得超过“合同成立时一年期贷款市场报价利率四倍”，如果超过，那么当然可以认定为高利转贷罪。但是，现行刑法和司法解释中均未对本罪的“高利”作出规定，司法实践一般认为，只要行为人转贷的利率高于金融机构同期的利率就应当属于“高利”，不必要求转贷利率必须达到一定的倍数，也不必达到高利贷的标准。①

最后，本罪属结果犯，只有在实施高利转贷行为违法所得数额较大的，才以犯罪论处。根据2022年的《最高人民检察院、公安部关于公安机关管辖的刑事案件立案追诉标准的规定（二）》第二十一条的规定，以转贷牟利为目的，套取金融机构信贷资金高利转贷他人，违法所得数额在50万元以上的，应予立案追诉。

（三）犯罪主体

本罪的犯罪主体为一般主体，是在金融机构处实施了借款行为的自然人或单位。

（四）主观方面

由于根据法条表述，本罪构成要求以转贷牟利为目的，因此其主观方面为直接故意，间接故意和过失都不构成本罪。所谓以转贷牟利为目的，是指行为人在非法获取金融机构和第三方贷款人之间利息差目的的支配下，而实施的高利转贷行为。

三、典型案例

案例1　金某某高利转贷案②

（一）基本案情

2014年7月14日，被告人金某某以提供虚假的工程施工合同和资产抵押的方式向某某农村商业银行申请个人授信额度为2000万元的循环额度贷款，

① 参见2019年11月8日最高人民法院印发的《全国法院民商事审判工作会议纪要》第52条规定：“……二是从宽认定‘高利’转贷行为的标准，只要出借人通过转贷行为牟利的，就可以认定为是‘高利’转贷行为……”

② 参见吉林省敦化市人民法院（2020）吉2403刑初173号一审刑事判决书。

期限3年；贷款用途：酒店装修；贷款月利率7.175‰；还款方式：按月结息，到期还本。2014年7月23日，某某农村商业银行同意向金某某发放贷款。2014年7月29日，被告人金某某以转贷牟利为目的向某某农村商业银行提出提款申请，同日某某农村商业银行将2000万元打入金某某在某某农村商业银行开立的账户。2014年7月30日，金某某以牟利为目的将2000万元贷款中的1000万元转借给某某市建筑安装有限公司经理沙某，约定月利率10‰；将2000万元贷款中的500万元转借给吉林某某建工集团有限公司总经理韩某，约定月利率15‰。2015年1月15日、1月16日，某某市建筑安装有限公司经理沙某分两次向金某某返还1000万元借款，借款期间，沙某采取转账、支付现金的方式分5次共计向金某某支付借款利息人民币50万元。沙某向金某某返还借款后，金某某经金某介绍于2015年1月21日将沙某向金某某返还的借款（2000万元贷款中的1000万元）中的300万元转借给吉林某某建工集团有限公司总经理韩某，约定月利率15‰。2014年7月30日至2015年7月22日，韩某采取转账的方式向金某某支付利息人民币975,000元。2015年7月22日，金某某用自筹资金偿还了全部贷款。

（二）法院认定及处理

被告人金某某以转贷牟利为目的，自2014年7月30日至2015年1月16日，将银行贷款转借给某某市建筑安装有限公司沙某1000万元，非法获利141,250元；于2014年7月30日至2015年1月20日，将银行贷款转借给吉林某某建工集团有限公司总经理韩某500万元，非法获利195,625元；于2015年1月21日至7月22日，将银行贷款转借给吉林某某建工集团有限公司总经理韩某800万元，非法获利313,000元，以上共计非法获利人民币649,875元。法院认定被告人金某某以转贷牟利为目的，套取金融机构信贷资金高利转贷他人，违法所得数额较大，其行为已构成高利转贷罪，公诉机关指控的罪名成立，应依法惩处。

法院判决如下：被告人金某某犯高利转贷罪，判处有期徒刑2年6个月，并处罚金人民币70万元（刑期从判决执行之日起计算，判决执行以前先行羁押的，羁押一日折抵刑期一日，即2019年4月8日起至2021年10月7日止。罚金自判决发生法律效力第二日起十日内一次性缴纳）。被告人金某某违法所得人民币 649,875 元，依法予以追缴，上缴国库。后被告人未提出上诉，一审判决生效。

案例 2 梁某某高利转贷案①

（一）基本案情

2009 年 8 月 25 日，被告人梁某某和其妻子韦某以装修房屋为名，用其子名下的商铺作抵押，向浦发银行柳州支行贷款 45 万元，贷款期限 120 个月，年利率 5.94%，并签订了以韦某为借款人的《上海浦东发展银行个人消费借款（综合）合同》，梁某某在合同的借款（签章）栏签名。次日，浦发银行柳州支行将贷款 45 万元发放到韦某账户。2009 年 8 月 31 日，梁某某以梁某的名义与福某公司签订借款合同，将从浦发银行柳州支行取得贷款中的 43 万元及其他资金 7 万元，共计 50 万元出借给福某公司，借款期限 36 个月，按月结息，月利率为 25‰。梁某某与福某公司借款期限届满，双方未再续签合同，仍按原合同履行。经司法会计鉴定，2009 年 9 月 15 日至 2018 年 9 月 15 日，梁某某归还浦发银行柳州支行转借部分（43 万元）贷款银行利息 93,063.24 元，收到福某公司借款（本金 43 万元）利息 1,112,625 元，非法获利 1,019,561.76 元。

2012 年 3 月 15 日，被告人梁某某及其妻子韦某以房屋装修为名，用梁某某、韦某共有的房屋作抵押，以韦某名义向工行龙城支行贷款 85 万元，贷款期限 168 个月，年利率 8.46%，并签订了《个人借款/担保合同》，梁某某在抵押物共有人栏签名捺手印。同月 20 日，工行龙城支行将贷款 85 万元发放到范某在该行的账户。之后，韦某从范某的账户分三次转款 29 万元、29 万元、27 万元到梁某的账户上。2012 年 3 月 27 日，梁某某以梁某的名义向福某公司出借 50 万元，期限 12 个月，月利率 25‰。当日，韦某从梁某的账户转 50 万元到福某公司账户。经司法会计鉴定，至 2018 年 10 月，梁某某归还工行龙城支行转借部分贷款利息 194,784.82 元，收到福某公司借款利息

① 参见广西壮族自治区来宾市中级人民法院（2019）桂 13 刑初 13 号一审刑事判决书。

881, 250 元，获取非法利益 686, 465. 18 元。

（二）法院认定及处理

被告人梁某某以转贷牟利为目的，套取金融机构信贷资金高利转贷他人，违法所得数额 1, 706, 026. 94 元，数额较大，其行为已触犯《刑法》第一百七十五条第一款之规定，构成高利转贷罪。公诉机关指控梁某某犯高利转贷罪成立。梁某某在被纪检监察部门留置期间，主动交代办案机关未掌握的犯罪事实，系自首，依法予以从轻处罚。依照《刑法》（2017）第一百七十五条第一款、第五十二条、第五十三条、第六十四条、第六十七条第一款之规定，并经法院审判委员会讨论决定，判决如下：被告人梁某某犯高利转贷罪，判处有期徒刑 2 年，并处罚金人民币 180 万元（刑期从判决执行之日起计算。判决执行以前先行羁押或留置的，羁押或留置一日折抵刑期一日，即自 2018 年 9 月 17 日起至 2020 年 9 月 16 日止。罚金限于本判决生效后 30 日内缴纳，逾期不交的，由法院强制缴纳）。追缴被告人梁某某违法所得人民币 1, 706, 026. 94 元，上缴国库。后被告人未提出上诉，一审判决生效。

案例 3 黄某某高利转贷案①

（一）基本案情

2016 年 10 月 9 日，周某向被告人黄某某借款 10 万元，被告人黄某某当天从青田农商行以 0. 76125% 的月利率获得贷款 10 万元，并将该贷款以 10% 的月利率转借给周某。被告人黄某某先行扣除 1 万元利息，当天向周某实际交付借款 9 万元；2016 年 10 月 25 日，被告人黄某某归还了上述 10 万元贷款。周某至案发尚未清偿该借款。截至归还贷款日，被告人黄某某从贷款转贷中牟利达 4900 余元。

（二）法院认定及处理

法院认为，被告人黄某某以转贷牟利为目的，套取金融机构信贷资金高

① 参见浙江省丽水市中级人民法院（2019）浙 11 刑终 299 号二审刑事判决书。

利转贷他人，违法所得数额较大，其行为已构成高利转贷罪。原判认定事实清楚，证据确实、充分，定性及适用法律正确，量刑适当，审判程序合法。被告人黄某某及辩护人提出的上诉理由和辩护意见不成立，不予采纳。鉴于被告人在二审审理期间认罪认罚，积极退赃，综合考虑本案事实及相关情节，可以在一审量刑的基础上对被告人予以从轻处罚，对丽水市人民检察院提出的量刑建议予以采纳。被告人已缴纳的违法所得依法上缴国库。依照《刑法》（2017）第一百七十五条、第六十四条，《刑事诉讼法》第二百三十六条第一款第二项的规定，判决如下：（1）撤销青田县人民法院（2019）浙1121刑初207号刑事判决第一项中对被告人黄某某犯高利转贷罪的量刑部分，维持判决的其余部分；（2）被告人黄某某犯高利转贷罪，判处有期徒刑1年10个月，并处罚金人民币100万元（刑期从判决执行之日起算。判决执行前先行羁押的，羁押一日折抵刑期一日。即自2019年9月29日起至2020年12月20日止，已扣除先行被羁押的7个月零8天）。

四、相关问题与法理分析

（一）转贷牟利目的产生时间的影响

根据刑法的规定，构成高利转贷罪，要求行为人主观上必须具有转贷牟利的目的。但是，对于行为人转贷牟利的目的产生的时间是否影响本罪的犯罪构成，存在较大争议。有学者认为，转贷的目的产生于套取金融机构信贷资金前，符合本罪的构成特征，应认定本罪。如果产生于套取信贷资金之后、高利转贷之前，虽然在行为表现上与产生明确的转贷牟利目的后实施套取资金转贷牟利行为相同，但其实施转贷牟利行为的目的并不及于套取资金行为。这种事后故意不应当被理论界与司法实践认定。①

另有学者认为，实施这种行为的故意应包括实施套取信贷资金行为和高利转贷行为两部分。在实施套取资金行为时，行为人的目的是获取信贷资金；高利转贷时，目的是获取非法利益。若行为人套取信贷资金前有转贷牟利的目的，而获取贷款后用于自己的生产、经营活动，则属于事前故意，不以犯

① 参见丁天球：《破坏社会主义市场经济秩序罪重点疑点难点问题判解研究》，人民法院出版社2005年版，第203页。

罪追究；若行为人在申请贷款时并没有转贷牟利的目的，且符合贷款条件，但获取贷款后为牟利而将贷款转手出贷，则属于事后故意，不以本罪论处。①

还有观点认为，行为人获取贷款手段合法，只是在后期产生了高利转贷的意图，不应构成犯罪。首先，从高利转贷的特征来看，犯罪行为是由套取贷款和高利转贷两个行为构成，两者缺一不可，如果行为人获取贷款的行为不符合“套取”的行为特征，没有“套取”行为，则也不符合本罪的客观要件。其次，从法条的相互关系考察，我国现行刑法对滥用贷款或以非法占有为目的的贷款诈骗行为进行规制都是以行为人骗取贷款为前提条件的，对合法获取贷款后非法利用贷款的行为都没有规定为犯罪。因此，行为人如果转贷牟利的目的产生于获取贷款之后，不宜作为犯罪处理。因此，应该在法律上将二者严格区分开来，本着刑法谦抑的原则不对其进行刑法规制。②

（二）关于“高利”标准的争论

第一种观点认为，“高利”是指行为人将套取的金融机构信贷资金转贷他人，所定利率远远高于其从银行或其他金融机构所套取的信贷资金利率。③ 该观点未明确利率应当高出多少才能够算作“远高于”。

第二种观点认为，“高利”是指将银行信贷资金以高于银行贷款的利率转贷他人。具体高出银行贷款利率多少，不影响本罪的成立。从法律的具体规定来看，《刑法》第一百七十五条并没有规定行为人必须以高出金融机构贷款利率较多的利率转贷他人才能构成，只是指出只要高利转贷他人就可能构成犯罪。另外，从本罪的立法宗旨来看，刑法是为了惩罚那些套取金融机构资金进而转贷牟利，违法所得数额较大的行为，只要行为人以高于贷进利率的贷出利率进行转贷赚取差价，就是谋取了非法利益，并非只能通过高出银行法定标准的利率才能实现。④

---

① 参见薛瑞麟、陈吉双：《高利转贷罪认定中的几个问题》，载《国家检察官学院学报》2000 年第 2 期。

② 参见王玉珏、杨坚研：《对高利转贷的刑法分析》，载《上海商业》2002 年第 11 期。

③ 参见黄京平主编：《破坏市场经济秩序罪研究》，中国人民大学出版社 1999 年版，第 373 页。

④ 参见陈加、李炜：《如何界定高利转贷罪中的“高利”——以上海市首例高利转贷案为视角》，载《犯罪研究》2012 年第 5 期。

上述观点虽然较为合理，但仍有漏洞，如行为人套取信贷资金时按照人民银行的利率幅度下限向金融机构支付利率，却以人民银行的利率幅度上限将套取的资金转贷他人，同样能够从中获利。即使控制了利率幅度的范围，如果行为人进行了巨额资金转贷行为，依然能够从中获取较大利润，并且产生一定程度的社会经济危害。根据以上观点，笔者认为，凡是以高于套取利率贷出信贷资金的行为均应当归入高利转贷行列，因为其本质都是行为人利用套取所得资金进行转贷牟取利息差，主观动机是相同的，不应当以牟利程度作为判断标准。牟取的不法利润总额是用于衡量其行为所产生的危害性，而非用于判断高利转贷行为是否发生。即使行为人以很小的利率差将资金转手贷出，但资金基数过大使行为人从中牟取的利益达到了国家规定的违法所得金额较大程度。

（三）关于“违法所得”的认定

高利转贷罪的客观定罪标准在于获取的违法所得数额。高利转贷罪中的违法所得并非仅限于行为人所套取的信贷资金，还包括利息。但这里的利息具体是指行为人通过转贷获得的利息总额，还是行为人通过转贷获得的利息与支付给金融机构的利息之间的差额，尚有争议。

有一些观点认为利息差更应当视作违法所得。在本罪当中违法所得是指行为人获取的不法利益，而支付给金融机构的利息是行为人依据合同必须给付的款项，并不属于行为人获得的利益范畴，因此不应作为违法所得总额进行计算。① 在理论研究中，绝大多数学者均持这一观点，并且认为违法所得是对高利转贷罪量刑的重要标准，应当根据行为人实际所取得的利益数额进行犯罪程度评判，如果违法所得金额未达到量刑标准，不应当判定行为人构成了犯罪。

但另一部分学者提出，行为人通过高利转贷牟取的非法利益无论是否已经取得，只要根据其约定即将或已经发生，就应当列入犯罪标准，区别仅在于根据约定尚未取得非法利益者应当归类为犯罪未遂，已经获利者为犯罪既

① 参见崔晓丽：《高利转贷罪司法认定中的疑难争议问题》，载《中国刑事法杂志》2009 年第 4 期。

遂。[①] 从实际出发，如果行为人已经与其他企业或个人约定以高利率进行转贷，但在利息进入行为人的账户之前，行为人的高利转贷行为已被查获，此时如果对此行为不进行追究，对后续的信贷资金保护十分不利。

（四）关于犯罪数额的认定及时间点的计算

一般认为，行为人的违法所得为：行为人转手贷出数额 × （转手贷出的高利率 - 套取贷款时约定的利率）。行为人在套取贷款过程中支付的相关手续费等费用作为犯罪成本不予以扣除。但问题在于，如果行为人将套取的贷款借贷后按照约定利息达到立案标准，但未实际获取非法利益的如何评价。

非法获利的基本计算公式为：转手贷出数额 × （转手贷出的高利率 - 套取贷款时约定的利率），同时还应计算借贷时间。计算违法所得的时间，应控制在行为人将贷款出借后，至银行贷款偿付前。进言之，行为人从金融机构将贷款借出后至偿付前这一时间段所获取的利息扣除银行贷款利息为违法所得，将银行信贷资金偿付后，将不存在对银行资金的占用，亦不存在违法所得的计算问题。[②]

（五）本罪与骗取贷款罪的关系

关于骗取贷款、票据承兑、金融票证罪与高利转贷罪之间的关系。在司法实践中如果行为人的高利转贷行为在转贷牟利的同时给银行带来了重大损失或者具有其他严重情节，就可能产生法律适用上的竞合问题。从刑罚轻重来看，对自然人犯罪下的骗取贷款罪与高利转贷罪处以刑罚的轻重大体相等，而对单位犯罪中相关自然人的处罚前者要比后者重。但从两罪的犯罪构成来看，可以将高利转贷罪看作骗取贷款罪中的一个特殊情形，依特别法优先于普通法的原则应当定高利转贷罪。在这种情况下，如果是单位犯罪，应按重法优于轻法的原则依照骗取贷款罪定罪处罚；如果是自然人犯罪，则应按特别法优于普通法的原则依照高利转贷罪定罪处罚。[③]

---

① 参见张惠芳：《高利转贷罪有关问题浅析》，载《河北法学》2000 年第 1 期。

② 参见崔晓丽：《高利转贷罪司法认定中的疑难争议问题》，载《中国刑事法杂志》2009 年第 4 期。

③ 参见丁天球：《破坏社会主义市场经济秩序罪重点疑点难点问题判解研究》，人民法院出版社 2005 年版，第 203 页。

第二章　擅自设立金融机构罪

由于金融机构直接影响金融管理秩序与金融安全，所以我国对金融行业实行专营制度，只有经批准设立的银行或其他金融机构才可以从事金融业务。在刑法正式将擅自设立金融机构的行为纳入处罚范畴之前，《商业银行法》和《外资保险公司管理条例》等法律法规都已经明确了设立金融机构的主体资格及法定流程。我国 1979 年《刑法》制定之初并未规定擅自设立金融机构罪，直到在 1995 年的《关于惩治破坏金融秩序犯罪的决定》中，才对擅自设立金融机构罪作出了明确规定。

1997 年《刑法》基本全面吸收了《关于惩治破坏金融秩序犯罪的决定》决定的内容，将本罪设置在第一百七十四条中，并且彼时将本罪的前提设定为“未经中国人民银行批准”。但是，司法实践千变万化，中国人民银行并非所有金融机构的审批机构。因此，1999 年的《刑法修正案》对该罪作出以下两点修改：（1）将“未经中国人民银行批准”改为“未经国家有关主管部门批准”；（2）明确列举了“商业银行、证券交易所、期货交易所、证券公司、期货经纪公司、保险公司”这 6 种常见的金融机构。

一、相关法律规定

（一）《刑法》（2023 年修正）

第一百七十四条　未经国家有关主管部门批准，擅自设立商业银行、证券交易所、期货交易所、证券公司、期货经纪公司、保险公司或者其他金融机构的，处三年以下有期徒刑或者拘役，并处或者单处二万元以上二十万元以下罚金；情节严重的，处三年以上十年以下有期徒刑，并处五万元以上五十万元以下罚金。

……

单位犯前两款罪的，对单位判处罚金，并对其直接负责的主管人员和其他直接责任人员，依照第一款的规定处罚。

（二）《最高人民检察院、公安部关于公安机关管辖的刑事案件立案追诉标准的规定（二）》（2022年4月6日公布）

第十九条 〔擅自设立金融机构案（刑法第一百七十四条第一款）〕未经国家有关主管部门批准，擅自设立金融机构，涉嫌下列情形之一的，应予立案追诉：

（一）擅自设立商业银行、证券交易所、期货交易所、证券公司、期货公司、保险公司或者其他金融机构的；

（二）擅自设立金融机构筹备组织的。

（三）《中华人民共和国外资保险公司管理条例》（2019年9月30日修正）

第三十一条 违反本条例规定，擅自设立外资保险公司或者非法从事保险业务活动的，由国务院保险监督管理机构予以取缔；依照刑法关于擅自设立金融机构罪、非法经营罪或者其他罪的规定，依法追究刑事责任；尚不够刑事处罚的，由国务院保险监督管理机构没收违法所得，并处违法所得1倍以上5倍以下的罚款，没有违法所得或者违法所得不足20万元的，处20万元以上100万元以下的罚款。

（四）《商业银行法》（2015年8月29日修正）

第十二条 设立商业银行，应当具备下列条件：

（一）有符合本法和《中华人民共和国公司法》规定的章程；

（二）有符合本法规定的注册资本最低限额；

（三）有具备任职专业知识和业务工作经验的董事、高级管理人员；

（四）有健全的组织机构和管理制度；

（五）有符合要求的营业场所、安全防范措施和与业务有关的其他设施。

设立商业银行，还应当符合其他审慎性条件。

第七十四条 商业银行有下列情形之一，由国务院银行业监督管理机构责令改正，有违法所得的，没收违法所得，违法所得五十万元以上的，并处违法所得一倍以上五倍以下罚款；没有违法所得或者违法所得不足五十万元的，处五十万元以上二百万元以下罚款；情节特别严重或者逾期不改正的，可以责令停业整顿或者吊销其经营许可证；构成犯罪的，依法追究刑事责任：

（一）未经批准设立分支机构的；

（二）未经批准分立、合并或者违反规定对变更事项不报批的；

（三）违反规定提高或者降低利率以及采用其他不正当手段，吸收存款，发放贷款的；

（四）出租、出借经营许可证的；

（五）未经批准买卖、代理买卖外汇的；

（六）未经批准买卖政府债券或者发行、买卖金融债券的；

（七）违反国家规定从事信托投资和证券经营业务、向非自用不动产投资或者向非银行金融机构和企业投资的；

（八）向关系人发放信用贷款或者发放担保贷款的条件优于其他借款人同类贷款的条件的。

第八十一条　未经国务院银行业监督管理机构批准，擅自设立商业银行，或者非法吸收公众存款、变相吸收公众存款，构成犯罪的，依法追究刑事责任；并由国务院银行业监督管理机构予以取缔。

……

（五）《证券法》（2019 年 12 月 28 日第二次修订）

第九十九条第二款　设立证券交易所必须制定章程。证券交易所章程的制定和修改，必须经国务院证券监督管理机构批准。

第一百一十八条　设立证券公司，应当具备下列条件，并经国务院证券监督管理机构批准：

（一）有符合法律、行政法规规定的公司章程；

（二）主要股东及公司的实际控制人具有良好的财务状况和诚信记录，最近三年无重大违法违规记录；

（三）有符合本法规定的公司注册资本；

（四）董事、监事、高级管理人员、从业人员符合本法规定的条件；

（五）有完善的风险管理与内部控制制度；

（六）有合格的经营场所、业务设施和信息技术系统；

（七）法律、行政法规和经国务院批准的国务院证券监督管理机构规定的其他条件。

未经国务院证券监督管理机构批准，任何单位和个人不得以证券公司名义开展证券业务活动。

第一百二十条　经国务院证券监督管理机构核准，取得经营证券业务许可证，证券公司可以经营下列部分或者全部证券业务：

（一）证券经纪；

（二）证券投资咨询；

（三）与证券交易、证券投资活动有关的财务顾问；

（四）证券承销与保荐；

（五）证券融资融券；

（六）证券做市交易；

（七）证券自营；

（八）其他证券业务。

国务院证券监督管理机构应当自受理前款规定事项申请之日起三个月内，依照法定条件和程序进行审查，作出核准或者不予核准的决定，并通知申请人；不予核准的，应当说明理由。

证券公司经营证券资产管理业务的，应当符合《中华人民共和国证券投资基金法》等法律、行政法规的规定。

除证券公司外，任何单位和个人不得从事证券承销、证券保荐、证券经纪和证券融资融券业务。

证券公司从事证券融资融券业务，应当采取措施，严格防范和控制风险，不得违反规定向客户出借资金或者证券。

第二百零二条　违反本法第一百一十八条、第一百二十条第一款、第四款的规定，擅自设立证券公司、非法经营证券业务或者未经批准以证券公司名义开展证券业务活动的，责令改正，没收违法所得，并处以违法所得一倍以上十倍以下的罚款；没有违法所得或者违法所得不足一百万元的，处以一百万元以上一千万元以下的罚款。对直接负责的主管人员和其他直接责任人员给予警告，并处以二十万元以上二百万元以下的罚款。对擅自设立的证券公司，由国务院证券监督管理机构予以取缔。

（六）《期货和衍生品法》（2022 年 4 月 20 日公布）

第十一条　期货交易应当在依法设立的期货交易所或者国务院期货监督管理机构依法批准组织开展期货交易的其他期货交易场所（以下统称期货交易场所），采用公开的集中交易方式或者国务院期货监督管理机构批准的其他方式进行。

禁止在期货交易场所之外进行期货交易。

衍生品交易，可以采用协议交易或者国务院规定的其他交易方式进行。

第六十条第一款　设立期货公司，应当具备下列条件，并经国务院期货监督管理机构核准：

（一）有符合法律、行政法规规定的公司章程；

（二）主要股东及实际控制人具有良好的财务状况和诚信记录，净资产不低于国务院期货监督管理机构规定的标准，最近三年无重大违法违规记录；

（三）注册资本不低于人民币一亿元，且应当为实缴货币资本；

（四）从事期货业务的人员符合本法规定的条件，董事、监事和高级管理人员具备相应的任职条件；

（五）有良好的公司治理结构、健全的风险管理制度和完善的内部控制制度；

（六）有合格的经营场所、业务设施和信息技术系统；

（七）法律、行政法规和国务院期货监督管理机构规定的其他条件。

第八十条　设立、变更和解散期货交易所，应当由国务院期货监督管理机构批准。

设立期货交易所应当制定章程。期货交易所章程的制定和修改，应当经国务院期货监督管理机构批准。

第九十二条第一款　独立的期货结算机构的设立、变更和解散，应当经国务院期货监督管理机构批准。

第一百三十二条　非法设立期货公司，或者未经核准从事相关期货业务的，予以取缔，没收违法所得，并处以违法所得一倍以上十倍以下的罚款；没有违法所得或者违法所得不足一百万元的，处以一百万元以上一千万元以下的罚款。对直接负责的主管人员和其他直接责任人员给予警告，并处以二十万元以上二百万元以下的罚款。

第一百三十六条第一款　违反本法第十一条、第八十条、第九十二条规定，非法设立期货交易场所、期货结算机构，或者以其他形式组织期货交易的，没收违法所得，并处以违法所得一倍以上十倍以下的罚款；没有违法所得或者违法所得不足一百万元的，处以一百万元以上一千万元以下的罚款。对直接负责的主管人员和其他直接责任人员给予警告，并处以二十万元以上二百万元以下的罚款。非法设立期货交易场所的，由县级以上人民政府予以取缔。

（七）《保险法》（2015 年 4 月 24 日修正）

第六十八条　设立保险公司应当具备下列条件：

（一）主要股东具有持续盈利能力，信誉良好，最近三年内无重大违法违规记录，净资产不低于人民币二亿元；

（二）有符合本法和《中华人民共和国公司法》规定的章程；

（三）有符合本法规定的注册资本；

（四）有具备任职专业知识和业务工作经验的董事、监事和高级管理人员；

（五）有健全的组织机构和管理制度；

（六）有符合要求的营业场所和与经营业务有关的其他设施；

（七）法律、行政法规和国务院保险监督管理机构规定的其他条件。

第一百五十八条　违反本法规定，擅自设立保险公司、保险资产管理公司或者非法经营商业保险业务的，由保险监督管理机构予以取缔，没收违法所得，并处违法所得一倍以上五倍以下的罚款；没有违法所得或者违法所得不足二十万元的，处二十万元以上一百万元以下的罚款。

二、构成要件

（一）犯罪客体

本罪的犯罪客体是国家对金融机构的管理秩序。设立该罪的立法目的，在于保护金融从业的市场准入制度。本罪所称的金融机构是指商业银行、证券交易所、期货交易所、证券公司、期货公司、保险公司或者其他金融机构，而且也包括为设立这些金融机构成立的筹备组织。所谓的其他金融机构，一般认为还应包括信用合作社、财务公司、金融租赁公司。

（二）客观方面

本罪的客观方面表现为未经国家有关主管部门批准，擅自设立商业银行、证券交易所、期货交易所、证券公司、期货经纪公司、保险公司或者其他金融机构。所谓未经批准，内含三种情况，一是行为人根本未向有权批准的国家有关主管部门依法提交申请书和相关资料；二是虽然提交了申请书等必要资料，但国家有关主管部门经审查认为不符合有关条件或者规定，未予批准；三是没有批准权的单位违法“批准”设立金融机构，如市、县政府从地方利益出发，违法“批准”设立商业银行、证券交易所、期货交易所、证券公司、期货公司、保险公司或者其他金融机构。

此外，关于国家有关主管部门的指向：设立商业银行对应的是国务院银行业监督管理机构，设立证券交易所对应的是国务院证券监督管理机构，设立期货交易所对应的是国务院期货监督管理机构，设立证券公司对应的是国务院证券监督管理机构，设立期货公司对应的是国务院期货监督管理机构，设立保险公司对应的是国务院保险监督管理机构。

（三）犯罪主体

本罪的犯罪主体既可以是自然人，也可以是单位。单位犯本罪，对单位判处罚金，并对其直接负责的主管人员和其他直接责任人员进行相应的处罚。

（四）主观方面

本罪的主观方面只能是故意，且要求以非法获取利益为目的。行为人明知设立金融机构需要经过国家有关主管部门的批准，而擅自设立金融机构会产生破坏金融机构的管理秩序的后果，但仍希望或者放任这种危害结果的发生。

三、典型案例

案例 1 胡某某擅自设立金融机构案①

（一）基本案情

1999 年 3 月，胡某某伪造了两张居民身份证，并私自刻制了两枚“中国开发银行储蓄管理处”印章和一枚“中国开发银行行政专用章”，意图非法设立储蓄所，并以高利率收取公众存款，然后将这些款项用于个人投资。同年 3 月 31 日，胡某某自称是“中国开发银行储蓄管理处副处长王某某”，以“中国开发银行储蓄管理处”名义租用了一处房屋作为非法储蓄所的场所，并招聘了几名工作人员协助办理购买办公用品、订购银行电脑软件、招聘一般工作人员、印制有关银行票证等事务。他还制作了一个铜牌，上面写着“国家开发银行总行营业部万寿储蓄所”，计划在同年 4 月 26 日开业，并吸收公众存款。然而，4 月 16 日案发，胡某某被公安机关抓获归案。

（二）法院认定及处理

法院认定，被告人胡某某未经中国人民银行批准，非法设立银行的储蓄分支机构，私刻印章、伪造身份证明、印制金融票证、租赁房屋作为经营场所、招聘工作人员、悬挂储蓄所标牌，其行为已构成擅自设立金融机构罪，且情节严重，但系犯罪未遂。法院依照《刑法》（2017）第一百七十四条第一款、第一百二十三条、第五十三条之规定，于1999 年9 月29 日判决：被告人胡某某犯擅自设立金融机构罪，判处有期徒刑 3 年零 6 个月，罚金人民币 10 万元。一审宣判后，在法定期限内，被告人未提出上诉，公诉机关亦未提出抗诉，判决发生法律效力。

---

① 参见黄晓文、金轶：《本案构成擅自设立金融机构罪》，载《人民检察》2000 年第 2 期。

案例2　陈某擅自设立金融机构案[①]

（一）基本案情

2013年1月15日，被告人陈某成立福建省东山县鱼鱼贷金融信息咨询有限公司，同年6月7日设立康美分公司，被告人陈某作为该公司的法定代表人及总经理，全面负责公司事务。在公司运营期间，被告人陈某未经国家有关主管部门批准，将该公司按金融机构模式设立财务部、信贷部、营业部、投资部等8个部门，主要经营存贷款等金融业务，并在互联网及公司门口宣传该公司主要经营吸收个人理财存款及发放贷款等金融业务。自2013年3月正式营业起至2013年7月案发时止，该公司共向陈某栋、陈某贞等人吸收个人理财存款15笔，合计人民币204.2万元，向林某武、陈某滨等人发放贷款合计人民币195.56万元。案发后，被告人陈某经公安机关电话通知后到案，归案后如实供述自己的犯罪事实。

（二）法院认定及处理

原审法院认为，被告人陈某未经国家有关主管部门批准，以合法设立的其他公司超经营范围非法从事存贷款等金融业务活动，其行为应视为未经批准，设立主要从事金融业务的其他金融机构，该行为已构成擅自设立金融机构罪。被告人陈某经公安机关电话通知后到案，归案后如实供述自己的犯罪事实，可以认定为自首，依法可以从轻处罚。原审法院依法判决，（1）被告人陈某犯擅自设立金融机构罪，判处有期徒刑一年，并处罚金人民币80,000元。（2）责令被告人陈某将所得赃款退还被害人。被告人陈某不服，提出上诉。二审法院经审理后认为，原判决认定事实和适用法律正确、量刑适当，驳回上诉，维持原判。

---

① 参见福建省漳州市中级人民法院（2014）漳刑终字第300号二审刑事判决书。

案例3 何某某擅自设立金融机构案①

（一）基本案情

2016年8月，被告人何某某未经中国银监会等国家有关主管部门批准，私自伪造中国银监会新疆监管局对喀什嘉和商业银行的批准文件，成立喀什嘉和商业银行（重庆筹备处），聘请唐某、周某、蒋某等人为管理人员，并租赁重庆市江北区江北嘴金融城房屋为办公地点。为了招募股东，被告人何某某以喀什嘉和商业银行（重庆筹备处）的名义，通过印制宣传册等方式向投资者进行宣传，招募股东入股。2016年10月17日，被告人何某某在重庆市江北区被公安民警捉获。

（二）法院认定及处理

重庆市江北区人民法院经审理认定，公诉机关指控被告人何某某犯擅自设立金融机构罪的事实清楚，证据确实、充分，罪名成立，量刑建议适当，应予采纳。依照《刑法》（2015）第一百七十四条第一款、第六十七条第三款、第五十二条、第五十三条之规定，判决如下：被告人何某某犯擅自设立金融机构罪，判处有期徒刑8个月，并处罚金人民币2万元。一审宣判后，在法定期限内，被告人未提出上诉，公诉机关亦未提出抗诉，判决发生法律效力。

四、相关问题与法理分析

（一）关于合法金融机构擅自设立分支机构是否构成本罪的问题

有观点持否定态度，认为分支机构不具有独立的主体地位，是附属于金融机构本身的，即使没有经过主管部门批准，擅自设立该分支机构的目的与结果也只是扩大了经营范围。②

但此种说法有些不妥，如《商业银行法》第七十四条明确规定了未经批

① 参见重庆市江北区人民法院（2017）渝0105刑初558号一审刑事判决书。

② 参见胡康生、李福成主编：《〈中华人民共和国刑法〉释义》，法律出版社1997年版，第221页。

准擅自设立分支机构的“构成犯罪的，依法追究刑事责任”。可见，即便是合法的金融机构（无论国内还是国外），未经相关主管部门的批准，擅自设立分支机构的，仍然构成本罪，其行为亦侵犯了金融管理秩序。

（二）关于本罪是行为犯还是结果犯的问题

如果认为本罪属于行为犯的范畴，那么本罪既遂的成立只需要实施了擅自设立金融机构之行为，而不必要求产生金融机构被设立以及开展相关业务的结果；而如果认为本罪属于结果犯的范畴，那么在既遂的认定上必须要考量上述的结果。

有观点认为，本罪属于行为犯，只要行为人未经有关主管部门批准，实施了擅自设立金融机构之行为就成立本罪的既遂；[①] 也有观点认为，本罪属于结果犯，其既遂之成立不仅要求行为人实施了擅自设立金融机构的行为，而且要求产生金融机构设立以及开展相关业务的结果。[②] 至于行为人擅自设立金融机构还处于预谋阶段，或者是由于某些原因导致金融机构实际上没有设立，也不应认定为未遂，而应认定为不构成本罪——这种观点的最大缺陷在于完全抹去了诸多犯罪的未完成形态认定的可能性，是不合理的。

如果本罪是结果犯，那么本罪所谓的危害结果是什么？一种观点认为，其危害结果是未经批准的金融机构设立了——但是，这种观点的不足之处在于它混淆了行为本身的固有特质（一个行为本身就具有的侵害客体的危险性与可能性）与危害结果这两个概念，没有看到两者之间的区别。[③] 另一种观点认为，其危害结果是金融机构设立后开展的业务活动。[④] 这种观点的不足之处在于，没有正确认识到擅自设立金融机构罪的客体是金融机构的管理秩序，而非法的金融业务活动并没有直接侵犯金融机构的管理秩序，当然不属于本罪的危害结果。由此看来，本罪的危害结果的外在表现难以界定，自然无法

---

① 参见胡康生、李福成主编：《〈中华人民共和国刑法〉释义》，法律出版社 1997 年版，第 221 页。

② 参见薛瑞麟主编：《金融犯罪研究》，中国政法大学出版社 2000 年版，第 39 页。

③ 参见王俊平、魏娟玲：《论擅自设立金融机构罪若干疑难问题》，载《检察实践》2001 年第 4 期。

④ 参见薛瑞麟主编：《金融犯罪研究》，中国政法大学出版社 2000 年版，第 38 页。

以结果发生与否区分既遂与未遂，更合理的方式是以行为的实施与否区分既遂与未遂，故而本罪属于行为犯。

此外，从设立本罪的立法原意看，立法者意图惩罚的即是擅自设立金融机构的行为，并以此作为处罚犯罪的依据，显然擅自设立金融机构的行为本身即对金融秩序造成现实的危险，即具有严重的社会危害性，至于非法金融机构是否现实地予以设立乃至运营是量刑应予考虑的问题。[①]

（三）本罪与非法吸收公共存款罪的关系

在司法实践中，擅自设立金融机构罪与非法吸收公众存款罪的联系十分密切，两者往往是手段与目的之间的关系，其具体表现为，行为人擅自设立金融机构的目的在于谋取非法利益，而非法利益的实现需要非法设立的金融机构展开非法金融活动，而金融活动最重要的业务表现形式就是吸收公众存款。于是，这就涉及同时触犯两个罪名该如何确定罪数的问题。

对此，不能忽视擅自设立金融机构行为与非法吸收公众存款行为之间的内部联系，即手段与目的之间的关系，若两者之间存在牵连关系，则成立牵连犯，应当按照牵连犯从一重罪处断的原则处理。

（四）关于取得经营许可证后未经登记而展开金融业务活动是否构成本罪的问题

这个问题可以转化为：经过审批后取得经营许可证未登记而开业算不算是擅自设立的行为。擅自设立有三种情况：（1）无申请而设立；（2）有申请在审查后未得到批准而设立；（3）申请得到审查批准后，未登记而开业。前两种情况无疑可以构成本罪，但是第三种情况有待商榷。因为，判断一个行为是否是擅自设立，关键在于是否得到相关主管部门的审查与批准，如果得到相关主管部门的审查与批准，自然不属于擅自设立的行为，亦没有危害金融机构的管理秩序。开展金融业务活动已然不属于擅自设立金融机构罪所涉的范畴，所以对擅自设立金融机构罪的成立没有影响。

---

① 参见张军：《破坏金融管理秩序罪》，中国人民公安大学出版社 1999 年版，第 155 页。

（五）本罪与伪造、变造、转让金融机构经营许可证、批准文件罪的关系

两罪共同被纳入《刑法》第一百七十四条之中，可见两者关系密切。事实上，在司法实践中，行为人往往会利用伪造或者变造的金融机构经营许可证以及批准文件擅自设立金融机构。面对上述的事实情况，仍需更加细致地分类讨论：（1）若行为人伪造或者变造金融机构经营许可证和批准文件后，自身利用其设立金融机构，则既构成伪造、变造、转让金融机构经营许可证、批准文件罪，也构成擅自设立金融机构罪，由于两者之间存在牵连关系，故按照牵连犯从一重罪处断的原则处理。两者同处于《刑法》第一百七十四条之中，其量刑幅度适用相同，故而通说认为应当以目的行为的性质定罪，即构成擅自设立金融机构罪。（2）若行为人伪造或者变造金融机构经营许可证和批准文件后，提供给他人利用，他人实施擅自设立金融机构之行为，在排除了存在擅自设立金融机构的共同故意的情况下，行为人仅构成伪造、变造、转让金融机构经营许可证、批准文件罪。

第三章　骗取贷款、票据承兑、金融票证罪

骗取贷款、票据承兑、金融票证罪作为《刑法修正案（六）》中新增的罪名，其立法背景在于进入2000年以来社会上以虚构事实、隐瞒真相等欺骗手段骗取银行等金融机构贷款的行为逐年增多，此种破坏信用体系的行为严重危害了我国金融秩序安全。当时我国的诚信体系建设滞后，对此类失信行为惩戒程度不足，于是依托刑法打击金融欺诈活动成为培育全社会信用文化和加强诚信立法的当务之急。虽然在当时1997年《刑法》中设置了贷款诈骗罪与高利转贷罪，但前者以非法占有目的为条件，后者以转贷牟利目的为条件，二者均无法对以使用为目的给银行等金融机构造成大量无法归还的坏账等行为进行规制，因此才在《刑法修正案（六）》中新增骗取贷款、票据承兑、金融票证罪。从罪名分类来看，本罪为选择性罪名，犯罪对象包括贷款、票据承兑及信用证、保函以及其他具有同质性的金融票证。在同一案中，只要行为人所实施的行为侵犯其中一种犯罪对象即可成立犯罪；而在行为人所实施的行为侵犯其中两种以上的犯罪对象时，仍成立本罪一罪，不实行数罪并罚。

需要注意的是，为了优化营商环境以及保障民营企业发展，《刑法修正案（十一）》又对本罪进行了修改，将定罪条件从“造成重大损失或者有其他严重情节”改为“造成重大损失”，此次修改提高了本罪的入罪门槛，将虽有其他严重情节但是尚未给银行或其他金融机构造成重大损失的行为排除在犯罪之外，有缩小本罪入罪圈的趋势。

一、相关法律规定

（一）《刑法》（2023年修正）

第一百七十五条之一　以欺骗手段取得银行或者其他金融机构贷款、票据承兑、信用证、保函等，给银行或者其他金融机构造成重大损失或者有其

他严重情节的，处三年以下有期徒刑或者拘役，并处或者单处罚金；给银行或者其他金融机构造成特别重大损失或者有其他特别严重情节的，处三年以上七年以下有期徒刑，并处罚金。

单位犯前款罪的，对单位判处罚金，并对其直接负责的主管人员和其他直接责任人员，依照前款的规定处罚。

（二）《商业银行法》（2015 年 8 月 29 日修正）

第八十二条　借款人采取欺诈手段骗取贷款，构成犯罪的，依法追究刑事责任。

第八十三条　有本法第八十一条、第八十二条规定的行为，尚不构成犯罪的，由国务院银行业监督管理机构没收违法所得，违法所得五十万元以上的，并处违法所得一倍以上五倍以下罚款；没有违法所得或者违法所得不足五十万元的，处五十万元以上二百万元以下罚款。

（三）《最高人民检察院、公安部关于公安机关管辖的刑事案件立案追诉标准的规定（二）》（2022 年 4 月 6 日公布）

第二十二条　〔骗取贷款、票据承兑、金融票证案（刑法第一百七十五条之一）〕以欺骗手段取得银行或者其他金融机构贷款、票据承兑、信用证、保函等，给银行或者其他金融机构造成直接经济损失数额在五十万元以上的，应予立案追诉。

（四）《浙江省高级人民法院、浙江省人民检察院、浙江省公安厅关于办理骗取贷款、票据承兑、金融票证罪有关法律适用问题的会议纪要》（2015 年 8 月 26 日公布）

第一条　刑法第一百七十五条之一规定的“欺骗手段”是指行为人在取得银行或者其他金融机构的贷款、票据承兑、金融票证时，采用虚构事实、隐瞒真相等手段，掩盖客观事实，骗取银行或者其他金融机构信任的行为。

行为人编造虚假的资信证明、资金用途、抵押物价值等虚假材料，导致银行或者其他金融机构高估其资信现状的，可以认定为使用“欺骗手段”。实践中，刑法第一百七十五之一“欺骗手段”的具体认定可参考刑法关于贷款诈骗罪的相关规定。

（五）《贷款通则》（1996年6月28日公布）

第二十条　对借款人的限制：

一、不得在一个贷款人同一辖区内的两个或两个以上同级分支机构取得贷款。

二、不得向贷款人提供虚假的或者隐瞒重要事实的资产负债表、损益表等。

三、不得用贷款从事股本权益性投资，国家另有规定的除外。

四、不得用贷款在有价证券、期货等方面从事投机经营。

五、除依法取得经营房地产资格的借款人以外，不得用贷款经营房地产业务；依法取得经营房地产资格的借款人，不得用贷款从事房地产投机。

六、不得套取贷款用于借贷牟取非法收入。

七、不得违反国家外汇管理规定使用外币贷款。

八、不得采取欺诈手段骗取贷款。

第六十九条　借款人采取欺诈手段骗取贷款，构成犯罪的，应当依照《中华人民共和国商业银行法》第八十条等法律规定处以罚款并追究刑事责任。

二、构成要件

（一）犯罪客体

本罪的犯罪客体是国家的金融管理秩序和银行或其他金融机构的贷款、票据承兑、信用证、保函等的安全。其中，“银行”应当解释为中国人民银行和各类商业银行；“其他金融机构”则可解释为除银行外的各种开展金融业务的机构，如证券、保险、期货、外汇、融资租赁、信托投资公司等；“贷款”是指贷款人向借款人提供的、按照借款合同的约定还本付息的货币资金；“信用证”是指开证银行根据客户（申请开证人）的请求或者自己主动向一方（受益人）所签发的一种书面约定，如果受益人满足了该书面约定的各项条款，开证银行即向受益人支付该书面约定的款项的凭证；“票据承兑”是指汇票付款人承诺在汇票到期日支付汇票金额的票据行为，其目的在于使承兑人依票据载明的义务承担支付票据金额的义务；“保函”是指银行以自身的信用为他人承担责任的担保文件，是重要的银行资信文件。

（二）客观方面

首先，从行为方式来看，本罪的行为表现为以欺骗手段获取银行或其他金融机构的贷款、票据承兑、信用证、保函等。其中，欺骗手段指行为人在取得银行或者其他金融机构的贷款、票据承兑及信用证、保函等金融票证时，采用的是虚构事实、隐瞒真相等手段，掩盖了客观事实，骗取了银行或者其他金融机构的信任。需要注意的是，对欺骗手段的理解不能过于宽泛，欺骗手段应当是严重影响银行对借款人资信状况、还款能力判断的实质事项，这类事项应当属于银行等金融机构一旦知晓真实情况就会基于风险控制而不会为其融资的事项。根据刑法理论以及司法实践的认定，可以结合《刑法》第一百九十三条的贷款诈骗罪，认为构成本罪的欺骗手段包括：（1）编造引进资金、项目等虚假理由的；（2）使用虚假的经济合同的；（3）使用虚假的证明文件的；（4）使用虚假的产权证明作担保或者超出抵押物价值重复担保等。

其次，从入罪标准来看，是否给银行或者其他金融机构造成重大损失，是区分是否构成本罪的主要依据。如前文所述，《刑法修正案（十一）》对本罪作了一处修改，即删去作为本罪基本犯罪成立条件之一的“其他严重情节”。修正前，“其他严重情节”与“给银行或者其他金融机构造成重大损失”二者并列作为本罪基本犯的成立条件，且两者系择一关系。行为人只要“给银行或者其他金融机构造成重大损失”或者“有其他严重情节”的，都有可能构成本罪。修正后，只有在行为人给银行或者其他金融机构造成重大损失时，才可能构成本罪。从犯罪类型的角度看，修正前本罪的基本犯既包括结果犯，也包括情节犯；经本次修正后，本罪的基本犯就只有结果犯，而不包括情节犯。因此，在实务中，对并非出于“诈骗银行资金”目的、只是在向银行等金融机构融资过程中存在违规行为，使用“欺骗手段”获得资金且归还了银行资金、未给银行造成重大损失的情况，一般不作为犯罪处理。“给银行或者其他金融机构造成重大损失”是一个客观标准，指的是上述行为直接造成的经济损失，如贷款无法追回，银行基于出具的信用所承担的还款或者付款等实际经济损失。《最高人民检察院、公安部关于公安机关管辖的刑事案件立案追诉标准的规定（二）》第二十二条对本条的“造成重大损失”进行了明确，即“以欺骗手段取得银行或者其他金融机构贷款、票据承兑、信用证、保函等，给银行或者其他金融机构造成直接经济损失数额在五十万元以上的，应予立案追诉”。“直接经济损失”是指侦查机关立案时，行为人逾期未偿还银行或者其他金融机构的信贷资金。实践中对行为人偿还了银行贷款，或者提供了足额真实担保，未给银行造成直接损失的，一般不应追究骗取贷款、票据承兑、金融票证罪的刑事责任。

需要注意的是，在司法实务中，对是否造成“重大损失”的判断时点和标准不能要求穷尽一切法律手段后才确定是否造成损失，如行为人采取欺骗手段，不能按期归还资金，也没有提供有效担保，就应认定给银行等金融机构造成重大损失；而不能要求银行等在采取诉讼等法律手段追偿行为人房产等财产不能清偿之后，才判定其遭到重大损失。对于后期在判决前通过法律手段获得清偿的，可酌定从宽处罚。

（三）犯罪主体

本罪的犯罪主体既包括自然人，也包括单位。《刑法》第一百七十五条之一第一款是关于自然人犯罪的规定，犯罪主体通常是借款人，但若担保人、银行职员等帮助借款人出谋划策，掩盖真相、提供虚假材料等的，也可能构成本罪的共犯。

（四）主观方面

本罪的主观方面为故意，即行为人明知自己是在用欺骗的手段获取银行或其他金融机构的贷款、票据承兑、信用证、保函等，但是不具有非法占有目的，只有使用的目的。

三、典型案例

（一）以欺骗为手段的司法认定

本罪的行为方式为刑法意义上的欺骗手段。结合实务案例，本罪的欺骗手段可以作出如下认定。

案例一：本案中，检察院指控被告人戴某甲明知某工艺制品有限公司经营亏损，拖欠工人工资及供货商货款，其父亲戴某乙四处借债、其母亲朱某甲买码亏钱，公司无偿还能力的情况下，仍在戴某乙准备的申请贷款需要的所有证明其具有偿还能力的资料上签字，应当与其父戴某乙构成骗取贷款罪的共同犯罪。法院认为，被告人戴某甲虽然是某工艺制品公司的股东，与戴某乙又是父子关系，但公诉机关提供的现有证据证明被告人戴某甲并不负责管理公司财务，只负责公司生产，某工艺制品公司向某资产公司申请借款时，被告人戴某甲的具体行为只是在某工艺制品公司申请贷款的承诺书、股东决议书、公司授权委托书上签字，以个人名义签订反担保保证合同，属于有限公司股东正常的履职行为，不是刑法上的欺骗行为；被告人戴某甲向某担保公司考察人员所作的公司经营状况还好的陈述，对借款的取得不具有实质性的积极作用，该行为也不能认定为刑法上的欺骗行为。①

案例二：本案中，检察院提出抗诉认为被告人邵某某使用他人信息获取银行贷款，私自改变贷款用途，依法应当构成骗取贷款罪。二审法院认为，关于邵某某使用他人信息取得银行贷款，是银行工作人员提出并要求其实施的，其目的是规避某信用社贷款60万元的贷款限额的限制，并不是邵某某主动决定实施的行为。从办理贷款及办理催款转贷的过程中看，银行对邵某某为贷款的实际使用人自始至终是明知的，并没有产生错误的认识。故被告人邵某某使用他人信息取得银行贷款的行为不能认定为骗取手段。关于邵某某改变贷款用途的问题，经查，邵某某取得贷款后用于浴池经营，并未用于贷款合同约定的购买工程器械。但邵某某将贷款用于浴池经营的行为依旧属于用于生产经营的行为，并未挥霍取得的贷款，其在贷款存续期间一直按照约定偿还贷款利息，后又全额归还贷款本金，没有给某信用社造成任何损失和风险。故被告人邵某某虽然改变了贷款用途，但不能认定为骗取手段，对抗诉机关的抗诉意见，不予支持。②

案例三：本案中，一审时检察院指控被告单位在项目建设过程中，未按

---

① 参见湖南省汨罗市人民法院（2013）汨刑初字第318号一审刑事判决书。

② 参见辽宁省葫芦岛市中级人民法院（2014）葫刑抗字第00014号二审刑事裁定书。

要求建设节水项目，而采用廉价设备替换项目中的高价设备等手段，以达到通过国家验收的目的。后来被告单位及被告人张某以该项目的名义向某银行申请专项资金贷款3000万元。为了顺利取得贷款，被告单位及被告人张某隐瞒了上述情况。虽然辩护人提出被告单位及被告人在项目中替换设备是由于当时的生物处理器技术尚未成熟，且替换设备经过发改委备案，属项目实施过程中的正常操作，不存在欺骗行为，其也没有骗取银行贷款的主观故意，故不构成骗取银行贷款罪，但是该意见并未被一审法院采纳。在被告人上诉之后，二审法院认为，原判决认定行为人构成骗取贷款罪事实不清，证据不足，适用法律不当，无法认定行为人采取了欺骗手段，即使最终未能归还贷款，亦不构成骗取贷款罪。①

（二）重大损失的司法认定

本罪构成要求造成“重大损失”，而结合实务案例，若被告人存在以下情形，则不能认定其造成“重大损失”并要求其承担刑事责任。

案例一：本案中，一审法院查明被告人邓某指使财务人员向银行提交虚假的《购销合同书》《受权声明》等申请材料，隐瞒其公司巨额亏损，已陷入经营困境的真实情况，向某银行申请一年期贷款500万元，该笔贷款到期后邓某的公司无法归还，由其担保人进行偿还。一审法院认为被告人邓某以欺骗手段获取银行贷款，应当以骗取贷款罪定罪处罚。在二审中，法院认为虽然上诉人邓某在向某银行申请贷款的过程中提供虚假的贷款资料，但该笔贷款最终由担保人代为偿还，并未对某银行或者其他金融机构造成实际损失，亦未利用贷款进行任何非法活动，未给金融管理秩序造成实际危害，上诉人邓某的行为不符合骗取贷款罪的构成要件。二审法院认为，原判认定上诉人邓某犯骗取贷款罪的定罪不当，最终改判。②

案例二：本案中，检察院指控被告单位及被告人王某、徐某某在银行机构开具敞口银行承兑汇票的过程中，使用虚假购销合同的欺骗手段，实际取

---

① 参见浙江省平湖市人民法院（2013）嘉平刑初字第148号一审刑事判决书；浙江省嘉兴市中级人民法院（2013）浙嘉刑终字第274号二审刑事判决书。

② 参见广东省高级人民法院（2014）粤高法刑二终字第212号二审刑事判决书。

得敞口贷款共计 3.90916 亿元，依法应当构成骗取贷款罪。但是根据辩护人提交的办理涉案敞口银行承兑汇票的还款凭证、中国人民银行征信中心出具的《企业信用报告》等证据，法院认为涉案的 3.90916 亿元均已正常归还结清，未造成实质危害，可不以犯罪论处。值得注意的是，该法院采用了体系解释的方法，认为本罪在修改之前所解决的，是针对部分损失难以认定的问题，而非完全没有损失的情形。[①] 换言之，在《刑法修正案（十一）》修改之后，本罪应当对损失进行更加明确的认定，如果存疑则应做出有利于被告人的结论。

案例三：本案中，检察院指控被告人肖某某于 2010 年 7 月、2012 年 9 月分两次以变造虚假证明、提供虚假购销合同等方式先后从某信用社获得贷款 400 万元和 600 万元。该两笔贷款中的 400 万元已还清，600 万元贷款在案发时尚未到期也未还清（到期日为 2015 年 9 月），因此应当构成骗取贷款罪。法院在审理中查明，2015 年 12 月 25 日被告人肖某某与该信用社签订了该600 万元贷款的续借合同，借期 19 个月，到期日为2017 年7 月9 日。因此法院认为被告人肖某某骗取贷款未给信用社造成实际损失，已经与该信用社进行合意续贷，所以公诉机关指控被告人肖某某犯骗取贷款罪不成立。[②]

（三）因果关系的司法认定

既然本罪在修改之后已经成为结果犯，那么构成本罪还要求行为人的欺骗手段与被害单位的“重大损失”具有刑法上的因果关系。以下案例可以对本罪从因果关系层面进行认定。

案例一：本案中，检察院指控被告人方某某实际控制 7 家公司，采用提供虚假购销合同及财务资料、谎称借款用途为公司经营性贷款等手段，分别向 4 家金融机构骗取 9 笔贷款，涉及人民币 8700 万元，依法应当构成骗取贷款罪。但是法院在审理中查明，各金融机构对财务资料虚假、贷款实际用途与购销合同不符均明知。同时，检察院无证据表明各金融机构对贷款申请资料、资金用途进行了实质审查，无法认定各金融机构因此陷入错误认识而发

---

① 参见四川省成都市中级人民法院（2014）成刑初字第 00348 号一审刑事判决书。

② 参见湖南省湘乡市人民法院（2015）湘法刑初字第 231 号一审刑事判决书。

放贷款，故其指控被告人构成的骗取贷款罪不能成立。[①]

案例二：本案中，检察院指控被告人肖某某伪造虚假购销合同，以购买螺纹钢的名义向某银行申请400万元贷款并挪作他用，依法应当构成骗取贷款罪。法院在审理中查明该银行明知贷款存在较大风险，出于经营上的考虑，多次向被告人予以续贷，因而检察院提交的证据无法证实该银行因被告人提交虚假资料而陷入错误认识继而发放贷款，因此被告人的骗取贷款罪名无法成立。[②]

案例三：本案中，检察院指控被告人严某在2012年、2013年两次在隐瞒自己已背负巨额债务的事实，虚构在建工程缺少资金购买建材向某银行申请获得两笔贷款，共计200万元，因此应当构成骗取贷款罪。法院在审理过程中查明，该银行上级对贷款有最后决定权，根据该行出具的《关于对严某在我行贷款行为的看法》，其明确表示之所以向严某发放涉案两笔贷款，是基于严某对这两笔贷款均依借款合同的约定提供了较完备的抵押担保，如果严某没有提供抵押担保，该行不会向严某发放贷款，也就是说，直接影响该行最终决定贷款给严某，是其提供了相应的真实抵押担保，即使严某在申请贷款时有一些欺骗行为，如在《个人贷款客户面谈记录》中没有如实申报自己的对外举债、夸大收入及所承包工程规模之行为，但这些欺骗行为与其取得贷款之间没有因果关系，故被告人严某相应获取贷款的行为不构成骗取贷款罪。[③]

综上所述，从上述法院的判决可以看出，其都是站在因果关系理论上对危害行为是否有导致危害结果发生的可能性角度，否决了行为人的行为有可能导致被害单位陷入认识错误而产生重大损失，进而否定了被告人的行为与被害单位的损失具有刑法上的因果关系。

（四）犯罪对象的司法认定

在实务案例中，与本罪客观方面相关的争议焦点还涉及对本罪犯罪对象

---

① 参见江苏省常熟市人民法院（2016）苏0581刑初1339号一审刑事判决书。
② 参见浙江省湖州市南浔区人民法院（2014）湖浔刑初字第410号一审刑事判决书。
③ 参见安徽省太湖县人民法院（2014）太刑初字第00162号一审刑事判决书。

的认定，以下两个案例可以对本罪犯罪对象进行认定。

案例一：本案中，被告人以公司名义向某小额贷款股份有限公司申请贷款用于购买钢材，并提供了与某公司虚假签订的钢材供销合同，虚报公司财务状况。2012 年，该公司取得小额贷款股份有限公司贷款人民币 600 万元后，即用于归还另一家公司及其控股的其他公司的贷款和债务。2012 年 2～7 月，另一家支付利息 61.72 万元，其余款息至今仍未归还，给小额贷款股份有限公司造成损失 538.28 万元。该案值得注意的地方在于，小额贷款股份有限公司在本案中也被认定为金融机构，是否取得金融许可证不影响该性质的认定。根据金融业机构信息年度验证合格通知书、金融机构信息变更书、某市金融服务办公室批复等证据，足以证实小额贷款股份有限公司系依法设立的从事金融贷款业务的其他金融机构，符合骗取贷款罪的对象特征。①

案例二：本案中，检察院指控被告人张某某在没有偿还能力的情况下提供虚假的铝箔纸购销合同，并以购买铝箔纸为由申请贷款 140 万元。贷款到期后，被告人张某某没有归还，致使某为其担保的企业代其归还了全部贷款，被告人张某某至今未还款给该企业，因此依法构成骗取贷款罪。法院认为，被告人向银行提供虚假证明文件，同时又骗取担保人的信任，以申请贷款的方式获取资金后，自己没有还贷能力，而由担保人代为偿还全部贷款，这种通过向银行贷款的方式骗取担保人财产的行为，表面上看是骗取银行贷款，实际上侵害的是担保人的财产权益，犯罪对象并非银行贷款而是担保人的财产，其行为不构成骗取贷款罪，应以合同诈骗罪定罪处罚。②

四、相关问题与法理分析

（一）本罪与贷款诈骗罪的关系

1. 客体不同

骗取贷款、票据承兑、金融票证罪是简单客体即金融秩序和安全，而贷款诈骗罪为复杂客体，它既会侵犯金融秩序也会侵犯银行或者其他金融机构

---

① 参见中华人民共和国最高人民法院刑事审判第一、二、三、四、五庭主办：《刑事审判参考》（总第 97 集），法律出版社 2014 年版，第 34 页。

② 参见山东省郓城县人民法院（2014）郓刑初字第 316 号一审刑事判决书。

的财产所有权。

2. 客观方面不同

骗取贷款、票据承兑、金融票证罪是以欺骗手段取得银行或者其他金融机构的贷款及其他金融票证，而给银行或者其他金融机构造成重大损失；贷款诈骗罪是用诈骗方法取得银行和其他金融机构贷款而且不予归还的行为。

3. 主观目的不同

骗取贷款、票据承兑、金融票证罪处于《刑法》“破坏金融管理秩序罪”一节中，该罪的成立不需要证明犯罪嫌疑人主观上具备非法占有的目的，只需要证明客观上行为人为了规避银行等金融机构贷款条件的硬性规定而采取了欺骗等违法手段，行为人在主观上有归还贷款的意愿。该罪评价的是在申请贷款的环节中弄虚作假的行为，针对的是不实申请给银行造成的资金流失风险。贷款诈骗罪规定在“金融诈骗罪”一节，成立该罪在主观上要求存在骗取贷款目的并对该笔款项具有非法占有目的。该罪评价的是贷款去向的非法性，针对的是骗取贷款并非法占有给银行资金带来的损失。两罪的立案标准、量刑标准和对应刑罚因两罪的主观目的不同而有所差异，贷款诈骗罪因具有非法占有贷款、导致银行资金损失的客观构成要件，所以法律对两罪犯罪的数额标准和量刑标准的规定大相径庭。贷款诈骗罪最高可以判无期徒刑，而骗取贷款罪最高刑为 7 年有期徒刑。

4. 主体不同

骗取贷款、票据承兑、金融票证罪的犯罪主体为一般主体，既包括自然人，也包括单位，但贷款诈骗罪的主体仅限于自然人。

5. 证据认定

（1）被骗贷款的具体性质和具体流向

如果被骗取的银行等金融机构的贷款是具体用于生产生活和企业经营，而且事实上全部或者大部分资金确实用在生产经营中，一般考虑认定骗取贷款、票据承兑、金融票证罪；如果犯罪嫌疑人骗贷的目的就是用于个人享乐挥霍，或者仅仅是为偿还个人所负担的债务——东挪西借，这在实践中一般被认定为贷款诈骗罪。从这方面入手，应对证明贷款去向的相应证据给予足够的重视，如能够反映资金流向的银行流水、犯罪嫌疑人的供述及相关证人证言等。

（2）使用主体的经济状况和经营情况

如果贷款使用主体有正常业务，在申请及取得贷款时处于正常经营状况，具有偿还能力，一般考虑认定骗取贷款、票据承兑、金融票证罪；如果单位本身就是空壳，已经资不抵债、停产、停工，没有稳定的业务来源和经营活动，要考虑从认定为贷款诈骗罪这方面入手，应对申请贷款当时的企业经营情况及企业资产情况进行审查，如相关工商登记、企业账目、犯罪嫌疑人供述及相关证人证言等。

（3）具体违法犯罪行为产生的危害后果

如果行为人通过银行贷款且没有归还，抑或只归还了其中的一部分贷款，给银行等金融机构造成了重大的经济损失，要考虑认定贷款诈骗罪；如果案发后行为人通过努力已经归还大部分或全部贷款，一般考虑认定骗取贷款、票据承兑、金融票证罪。没有实际归还的情况下，还要进一步分析原因，如果借贷的全部或者大部分资金投入了具体的生产和经营，只是因为管理或者经营上失败而客观上造成没有能力偿还，应当认定骗取贷款、票据承兑、金融票证罪；如果是由于挥霍等其他原因致使不能归还，要考虑认定贷款诈骗罪。

（二）骗取贷款案中的贷款合同不当然无效

行为人被法院认定构成骗取贷款、票据承兑、金融票证罪，这一结果并不当然导致民事上的贷款合同无效。此处涉及民刑交叉问题，[①] 一方面，从现行法律规定及司法解释来看，根据《民法典》第一百五十三条之规定，违反法律、行政法规的强制性规定的民事法律行为并非当然无效可以看出，行为人构成骗取贷款罪，其与被害金融机构所签订的贷款合同不当然无效。从

① 由于民法与刑法可能会从不同的角度评价行为的方式，因此认定刑事违法行为也必定构成民法上的无效行为，显然属于评价方式错乱。因此，“刑民评价对象的差异，使二者可以根据各自的规范进行独立判断”。参见陈少青：《刑民交叉实体问题的解决路径——“法律效果论”之展开》，载《法学研究》2020 年第 4 期。

《最高人民法院关于审理民间借贷案件适用法律若干问题的规定》[①] 也可以看出，刑民交叉案件中民事合同的效力可以被法院认可。另一方面，被害人有权要求被告人继续按照合同的约定履行义务。在刑民交叉案件中，即使行为人已经被认定犯罪，被害人依旧可以通过民事诉讼主张自己的合法权益。

---

① 《最高人民法院关于审理民间借贷案件适用法律若干问题的规定》第十二条第一款规定："借款人或者出借人的借贷行为涉嫌犯罪，或者已经生效的裁判认定构成犯罪，当事人提起民事诉讼的，民间借贷合同并不当然无效。人民法院应当依据民法典第一百四十四条、第一百四十六条、第一百五十三条、第一百五十四条以及本规定第十三条之规定，认定民间借贷合同的效力。"

第四章　非法吸收公众存款罪

本罪肇始于1995年《关于惩治破坏金融秩序犯罪的决定》，该决定第七条将非法吸收公众存款或者变相吸收公众存款并扰乱金融秩序的行为纳入犯罪体系。后该决定的内容被1997年《刑法》采纳，在破坏金融管理秩序类犯罪章节中设立了非法吸收公众存款罪。随着我国经济体制的改革以及社会主义市场经济的发展，一些个人与单位意图注入资金扩大企业生产经营，却因未达到金融管理法规的标准而无法获得资质，因此其只能在未经批准的情况下通过承诺还本付息的方式吸收民间社会公众的资金。这样的行为无疑给国家的金融管理秩序造成了严重影响。

此外，随着互联网经济的发展，涉及以信息网络技术为手段而行使非法吸收公众存款行为的案件也呈现井喷式增长的状态。根据《2022年度上海金融检察白皮书》，非法经营金融业务高发、犯罪手法不断“进阶”，非法吸收公众存款罪依然是金融犯罪审查起诉案件数量最多的罪名。《刑法修正案（十一）》对本罪作出了以下三点修改：（1）将本罪的二档量刑改为三档量刑，增加了“数额特别巨大或者有其他特别严重情节的”量刑情节，并将法定最高刑提高到15年有期徒刑；（2）取消了罚金的限额规定；（3）对非法吸收公众存款后提起公诉前积极退赃退赔的行为予以从轻或减轻处罚。可以说，这样的修改体现了宽严相济的刑事政策，并且符合司法实践的需求。此后修改的《最高人民法院关于审理非法集资刑事案件具体应用法律若干问题的解释》在整理吸收之前其他有关非法吸收公众存款规定的前提下，对本罪的构成要件作了进一步的明确。

一、相关法律规定

（一）《刑法》（2023 年修正）

第一百七十六条　非法吸收公众存款或者变相吸收公众存款，扰乱金融秩序的，处三年以下有期徒刑或者拘役，并处或者单处罚金；数额巨大或者有其他严重情节的，处三年以上十年以下有期徒刑，并处罚金；数额特别巨大或者有其他特别严重情节的，处十年以上有期徒刑，并处罚金。

单位犯前款罪的，对单位判处罚金，并对其直接负责的主管人员和其他直接责任人员，依照前款的规定处罚。

有前两款行为，在提起公诉前积极退赃退赔，减少损害结果发生的，可以从轻或者减轻处罚。

（二）《最高人民法院关于审理非法集资刑事案件具体应用法律若干问题的解释》（2022 年 2 月 23 日公布）

为依法惩治非法吸收公众存款、集资诈骗等非法集资犯罪活动，根据《中华人民共和国刑法》的规定，现就审理此类刑事案件具体应用法律的若干问题解释如下：

第一条　违反国家金融管理法律规定，向社会公众（包括单位和个人）吸收资金的行为，同时具备下列四个条件的，除刑法另有规定的以外，应当认定为刑法第一百七十六条规定的“非法吸收公众存款或者变相吸收公众存款”：

（一）未经有关部门依法许可或者借用合法经营的形式吸收资金；

（二）通过网络、媒体、推介会、传单、手机信息等途径向社会公开宣传；

（三）承诺在一定期限内以货币、实物、股权等方式还本付息或者给付回报；

（四）向社会公众即社会不特定对象吸收资金。

未向社会公开宣传，在亲友或者单位内部针对特定对象吸收资金的，不属于非法吸收或者变相吸收公众存款。

第二条　实施下列行为之一，符合本解释第一条第一款规定的条件的，应当依照刑法第一百七十六条的规定，以非法吸收公众存款罪定罪处罚：

（一）不具有房产销售的真实内容或者不以房产销售为主要目的，以返本销售、售后包租、约定回购、销售房产份额等方式非法吸收资金的；

（二）以转让林权并代为管护等方式非法吸收资金的；

（三）以代种植（养殖）、租种植（养殖）、联合种植（养殖）等方式非法吸收资金的；

（四）不具有销售商品、提供服务的真实内容或者不以销售商品、提供服务为主要目的，以商品回购、寄存代售等方式非法吸收资金的；

（五）不具有发行股票、债券的真实内容，以虚假转让股权、发售虚构债券等方式非法吸收资金的；

（六）不具有募集基金的真实内容，以假借境外基金、发售虚构基金等方式非法吸收资金的；

（七）不具有销售保险的真实内容，以假冒保险公司、伪造保险单据等方式非法吸收资金的；

（八）以网络借贷、投资入股、虚拟币交易等方式非法吸收资金的；

（九）以委托理财、融资租赁等方式非法吸收资金的；

（十）以提供“养老服务”、投资“养老项目”、销售“老年产品”等方式非法吸收资金的；

（十一）利用民间“会”“社”等组织非法吸收资金的；

（十二）其他非法吸收资金的行为。

第三条　非法吸收或者变相吸收公众存款，具有下列情形之一的，应当依法追究刑事责任：

（一）非法吸收或者变相吸收公众存款数额在100万元以上的；

（二）非法吸收或者变相吸收公众存款对象150人以上的；

（三）非法吸收或者变相吸收公众存款，给存款人造成直接经济损失数额在50万元以上的。

非法吸收或者变相吸收公众存款数额在50万元以上或者给存款人造成直接经济损失数额在25万元以上，同时具有下列情节之一的，应当依法追究刑事责任：

（一）曾因非法集资受过刑事追究的；

（二）二年内曾因非法集资受过行政处罚的；

（三）造成恶劣社会影响或者其他严重后果的。

第四条　非法吸收或者变相吸收公众存款，具有下列情形之一的，应当认定为刑法第一百七十六条规定的“数额巨大或者有其他严重情节”：

（一）非法吸收或者变相吸收公众存款数额在500万元以上的；

（二）非法吸收或者变相吸收公众存款对象500人以上的；

（三）非法吸收或者变相吸收公众存款，给存款人造成直接经济损失数额在250万元以上的。

非法吸收或者变相吸收公众存款数额在250万元以上或者给存款人造成直接经济损失数额在150万元以上，同时具有本解释第三条第二款第三项情节的，应当认定为“其他严重情节”。

第五条　非法吸收或者变相吸收公众存款，具有下列情形之一的，应当认定为刑法第一百七十六条规定的“数额特别巨大或者有其他特别严重情节”：

（一）非法吸收或者变相吸收公众存款数额在5000万元以上的；

（二）非法吸收或者变相吸收公众存款对象5000人以上的；

（三）非法吸收或者变相吸收公众存款，给存款人造成直接经济损失数额在2500万元以上的。

非法吸收或者变相吸收公众存款数额在2500万元以上或者给存款人造成直接经济损失数额在1500万元以上，同时具有本解释第三条第二款第三项情节的，应当认定为“其他特别严重情节”。

第六条　非法吸收或者变相吸收公众存款的数额，以行为人所吸收的资金全额计算。在提起公诉前积极退赃退赔，减少损害结果发生的，可以从轻或者减轻处罚；在提起公诉后退赃退赔的，可以作为量刑情节酌情考虑。

非法吸收或者变相吸收公众存款，主要用于正常的生产经营活动，能够在提起公诉前清退所吸收资金，可以免予刑事处罚；情节显著轻微危害不大的，不作为犯罪处理。

对依法不需要追究刑事责任或者免予刑事处罚的，应当依法将案件移送有关行政机关。

第七条　以非法占有为目的，使用诈骗方法实施本解释第二条规定所列行为的，应当依照刑法第一百九十二条的规定，以集资诈骗罪定罪处罚。

使用诈骗方法非法集资，具有下列情形之一的，可以认定为“以非法占有为目的”：

（一）集资后不用于生产经营活动或者用于生产经营活动与筹集资金规模明显不成比例，致使集资款不能返还的；

（二）肆意挥霍集资款，致使集资款不能返还的；

（三）携带集资款逃匿的；

（四）将集资款用于违法犯罪活动的；

（五）抽逃、转移资金、隐匿财产，逃避返还资金的；

（六）隐匿、销毁账目，或者搞假破产、假倒闭，逃避返还资金的；

（七）拒不交代资金去向，逃避返还资金的；

（八）其他可以认定非法占有目的的情形。

集资诈骗罪中的非法占有目的，应当区分情形进行具体认定。行为人部分非法集资行为具有非法占有目的的，对该部分非法集资行为所涉集资款以集资诈骗罪定罪处罚；非法集资共同犯罪中部分行为人具有非法占有目的，其他行为人没有非法占有集资款的共同故意和行为的，对具有非法占有目的的行为人以集资诈骗罪定罪处罚。

第八条　集资诈骗数额在 10 万元以上的，应当认定为“数额较大”；数额在 100 万元以上的，应当认定为“数额巨大”。

集资诈骗数额在 50 万元以上，同时具有本解释第三条第二款第三项情节的，应当认定为刑法第一百九十二条规定的“其他严重情节”。

集资诈骗的数额以行为人实际骗取的数额计算，在案发前已归还的数额应予扣除。行为人为实施集资诈骗活动而支付的广告费、中介费、手续费、回扣，或者用于行贿、赠与等费用，不予扣除。行为人为实施集资诈骗活动而支付的利息，除本金未归还可予折抵本金以外，应当计入诈骗数额。

第九条第一款　犯非法吸收公众存款罪，判处三年以下有期徒刑或者拘役，并处或者单处罚金的，处五万元以上一百万元以下罚金；判处三年以上十年以下有期徒刑的，并处十万元以上五百万元以下罚金；判处十年以上有期徒刑的，并处五十万元以上罚金。

第十三条　通过传销手段向社会公众非法吸收资金，构成非法吸收公众存款罪或者集资诈骗罪，同时又构成组织、领导传销活动罪的，依照处罚较重的规定定罪处罚。

第十四条　单位实施非法吸收公众存款、集资诈骗犯罪的，依照本解释规定的相应自然人犯罪的定罪量刑标准，对单位判处罚金，并对其直接负责的主管人员和其他直接责任人员定罪处罚。

（三）《最高人民法院、最高人民检察院关于常见犯罪的量刑指导意见（试行）》（2021 年 6 月 16 日公布）

四、（三）非法吸收公众存款罪：

1. 构成非法吸收公众存款罪的，根据下列情形在相应的幅度内确定量刑起点：

（1）犯罪情节一般的，在一年以下有期徒刑、拘役幅度内确定量刑起点。

（2）达到数额巨大起点或者有其他严重情节的，在三年至四年有期徒刑幅度内确定量刑起点。

（3）达到数额特别巨大起点或者有其他特别严重情节的，在十年至十二年有期徒刑幅度内确定量刑起点。

2. 在量刑起点的基础上，根据非法吸收存款数额等其他影响犯罪构成的犯罪事实增加刑罚量，确定基准刑。

3. 对于在提起公诉前积极退赃退赔，减少损害结果发生的，可以减少基准刑的 40% 以下；犯罪较轻的，可以减少基准刑的 40% 以上或者依法免除处罚。

4. 构成非法吸收公众存款罪的，根据非法吸收公众存款数额、存款人人数、给存款人造成的直接经济损失数额等犯罪情节，综合考虑被告人缴纳罚金的能力，决定罚金数额。

5. 构成非法吸收公众存款罪的，综合考虑非法吸收存款数额、存款人人数、给存款人造成的直接经济损失数额、清退资金数额等犯罪事实、量刑情节，以及被告人主观恶性、人身危险性、认罪悔罪表现等因素，决定缓刑的适用。

（四）《最高人民法院、最高人民检察院、公安部关于办理非法集资刑事案件若干问题的意见》（2019年1月30日公布）

为依法惩治非法吸收公众存款、集资诈骗等非法集资犯罪活动，维护国家金融管理秩序，保护公民、法人和其他组织合法权益，根据刑法、刑事诉讼法等法律规定，结合司法实践，现就办理非法吸收公众存款、集资诈骗等非法集资刑事案件有关问题提出以下意见：

一、关于非法集资的“非法性”认定依据问题

人民法院、人民检察院、公安机关认定非法集资的“非法性”，应当以国家金融管理法律法规作为依据。对于国家金融管理法律法规仅作原则性规定的，可以根据法律规定的精神并参考中国人民银行、中国银行保险监督管理委员会、中国证券监督管理委员会等行政主管部门依照国家金融管理法律法规制定的部门规章或者国家有关金融管理的规定、办法、实施细则等规范性文件的规定予以认定。

二、关于单位犯罪的认定问题

单位实施非法集资犯罪活动，全部或者大部分违法所得归单位所有的，应当认定为单位犯罪。

个人为进行非法集资犯罪活动而设立的单位实施犯罪的，或者单位设立后，以实施非法集资犯罪活动为主要活动的，不以单位犯罪论处，对单位中组织、策划、实施非法集资犯罪活动的人员应当以自然人犯罪依法追究刑事责任。

判断单位是否以实施非法集资犯罪活动为主要活动，应当根据单位实施非法集资的次数、频度、持续时间、资金规模、资金流向、投入人力物力情况、单位进行正当经营的状况以及犯罪活动的影响、后果等因素综合考虑认定。

三、关于涉案下属单位的处理问题

办理非法集资刑事案件中，人民法院、人民检察院、公安机关应当全面查清涉案单位，包括上级单位（总公司、母公司）和下属单位（分公司、子公司）的主体资格、层级、关系、地位、作用、资金流向等，区分情况依法作出处理。

上级单位已被认定为单位犯罪，下属单位实施非法集资犯罪活动，且全部或者大部分违法所得归下属单位所有的，对该下属单位也应当认定为单位犯罪。上级单位和下属单位构成共同犯罪的，应当根据犯罪单位的地位、作用，确定犯罪单位的刑事责任。

上级单位已被认定为单位犯罪，下属单位实施非法集资犯罪活动，但全部或者大部分违法所得归上级单位所有的，对下属单位不单独认定为单位犯罪。下属单位中涉嫌犯罪的人员，可以作为上级单位的其他直接责任人员依法追究刑事责任。

上级单位未被认定为单位犯罪，下属单位被认定为单位犯罪的，对上级单位中组织、策划、实施非法集资犯罪的人员，一般可以与下属单位按照自然人与单位共同犯罪处理。

上级单位与下属单位均未被认定为单位犯罪的，一般以上级单位与下属单位中承担组织、领导、管理、协调职责的主管人员和发挥主要作用的人员作为主犯，以其他积极参加非法集资犯罪的人员作为从犯，按照自然人共同犯罪处理。

四、关于主观故意的认定问题

认定犯罪嫌疑人、被告人是否具有非法吸收公众存款的犯罪故意，应当依据犯罪嫌疑人、被告人的任职情况、职业经历、专业背景、培训经历、本人因同类行为受到行政处罚或者刑事追究情况以及吸收资金方式、宣传推广、合同资料、业务流程等证据，结合其供述，进行综合分析判断。

犯罪嫌疑人、被告人使用诈骗方法非法集资，符合《最高人民法院关于审理非法集资刑事案件具体应用法律若干问题的解释》第四条规定的，可以认定为集资诈骗罪中“以非法占有为目的”。①

办案机关在办理非法集资刑事案件中，应当根据案件具体情况注意收集运用涉及犯罪嫌疑人、被告人的以下证据：是否使用虚假身份信息对外开展业务；是否虚假订立合同、协议；是否虚假宣传，明显超出经营范围或者夸大经营、投资、服务项目及盈利能力；是否吸收资金后隐匿、销毁合同、协

① 按照2021年修改后的《最高人民法院关于审理非法集资刑事案件具体应用法律若干问题的解释》，应为第七条。

议、账目；是否传授或者接受规避法律、逃避监管的方法，等等。

五、关于犯罪数额的认定问题

非法吸收或者变相吸收公众存款构成犯罪，具有下列情形之一的，向亲友或者单位内部人员吸收的资金应当与向不特定对象吸收的资金一并计入犯罪数额：

（一）在向亲友或者单位内部人员吸收资金的过程中，明知亲友或者单位内部人员向不特定对象吸收资金而予以放任的；

（二）以吸收资金为目的，将社会人员吸收为单位内部人员，并向其吸收资金的；

（三）向社会公开宣传，同时向不特定对象、亲友或者单位内部人员吸收资金的。

非法吸收或者变相吸收公众存款的数额，以行为人所吸收的资金全额计算。集资参与人收回本金或者获得回报后又重复投资的数额不予扣除，但可以作为量刑情节酌情考虑。

六、关于宽严相济刑事政策把握问题

办理非法集资刑事案件，应当贯彻宽严相济刑事政策，依法合理把握追究刑事责任的范围，综合运用刑事手段和行政手段处置和化解风险，做到惩处少数、教育挽救大多数。要根据行为人的客观行为、主观恶性、犯罪情节及其地位、作用、层级、职务等情况，综合判断行为人的责任轻重和刑事追究的必要性，按照区别对待原则分类处理涉案人员，做到罚当其罪、罪责刑相适应。

重点惩处非法集资犯罪活动的组织者、领导者和管理人员，包括单位犯罪中的上级单位（总公司、母公司）的核心层、管理层和骨干人员，下属单位（分公司、子公司）的管理层和骨干人员，以及其他发挥主要作用的人员。

对于涉案人员积极配合调查、主动退赃退赔、真诚认罪悔罪的，可以依法从轻处罚；其中情节轻微的，可以免除处罚；情节显著轻微、危害不大的，不作为犯罪处理。

七、关于管辖问题

跨区域非法集资刑事案件按照《国务院关于进一步做好防范和处置非法集资工作的意见》（国发〔2015〕59 号）确定的工作原则办理。如果合并侦查、诉讼更为适宜的，可以合并办理。

办理跨区域非法集资刑事案件，如果多个公安机关都有权立案侦查的，一般由主要犯罪地公安机关作为案件主办地，对主要犯罪嫌疑人立案侦查和移送审查起诉；由其他犯罪地公安机关作为案件分办地根据案件具体情况，对本地区犯罪嫌疑人立案侦查和移送审查起诉。

管辖不明或者有争议的，按照有利于查清犯罪事实、有利于诉讼的原则，由其共同的上级公安机关协调确定或者指定有关公安机关作为案件主办地立案侦查。需要提请批准逮捕、移送审查起诉、提起公诉的，由分别立案侦查的公安机关所在地的人民检察院、人民法院受理。

对于重大、疑难、复杂的跨区域非法集资刑事案件，公安机关应当在协调确定或者指定案件主办地立案侦查的同时，通报同级人民检察院、人民法院。人民检察院、人民法院参照前款规定，确定主要犯罪地作为案件主办地，其他犯罪地作为案件分办地，由所在地的人民检察院、人民法院负责起诉、审判。

本条规定的“主要犯罪地”，包括非法集资活动的主要组织、策划、实施地，集资行为人的注册地、主要营业地、主要办事机构所在地，集资参与人的主要所在地等。

八、关于办案工作机制问题

案件主办地和其他涉案地办案机关应当密切沟通协调，协同推进侦查、起诉、审判、资产处置工作，配合有关部门最大限度追赃挽损。

案件主办地办案机关应当统一负责主要犯罪嫌疑人、被告人涉嫌非法集资全部犯罪事实的立案侦查、起诉、审判，防止遗漏犯罪事实；并应就全案处理政策、追诉主要犯罪嫌疑人、被告人的证据要求及诉讼时限、追赃挽损、资产处置等工作要求，向其他涉案地办案机关进行通报。其他涉案地办案机关应当对本地区犯罪嫌疑人、被告人涉嫌非法集资的犯罪事实及时立案侦查、起诉、审判，积极协助主办地处置涉案资产。

案件主办地和其他涉案地办案机关应当建立和完善证据交换共享机制。对涉及主要犯罪嫌疑人、被告人的证据，一般由案件主办地办案机关负责收集，其他涉案地提供协助。案件主办地办案机关应当及时通报接收涉及主要犯罪嫌疑人、被告人的证据材料的程序及要求。其他涉案地办案机关需要案件主办地提供证据材料的，应当向案件主办地办案机关提出证据需求，由案件主办地收集并依法移送。无法移送证据原件的，应当在移送复制件的同时，按照相关规定作出说明。

九、关于涉案财物追缴处置问题

办理跨区域非法集资刑事案件，案件主办地办案机关应当及时归集涉案财物，为统一资产处置做好基础性工作。其他涉案地办案机关应当及时查明涉案财物，明确其来源、去向、用途、流转情况，依法办理查封、扣押、冻结手续，并制作详细清单，对扣押款项应当设立明细账，在扣押后立即存入办案机关唯一合规账户，并将有关情况提供案件主办地办案机关。

人民法院、人民检察院、公安机关应当严格依照刑事诉讼法和相关司法解释的规定，依法移送、审查、处理查封、扣押、冻结的涉案财物。对审判时尚未追缴到案或者尚未足额退赔的违法所得，人民法院应当判决继续追缴或者责令退赔，并由人民法院负责执行，处置非法集资职能部门、人民检察院、公安机关等应当予以配合。

人民法院对涉案财物依法作出判决后，有关地方和部门应当在处置非法集资职能部门统筹协调下，切实履行协作义务，综合运用多种手段，做好涉案财物清运、财产变现、资金归集、资金清退等工作，确保最大限度减少实际损失。

根据有关规定，查封、扣押、冻结的涉案财物，一般应在诉讼终结后返还集资参与人。涉案财物不足以全部返还的，按照集资参与人的集资额比例返还。退赔集资参与人的损失一般优先于其他民事债务以及罚金、没收财产的执行。

十、关于集资参与人权利保障问题

集资参与人，是指向非法集资活动投入资金的单位和个人，为非法集资活动提供帮助并获取经济利益的单位和个人除外。

人民法院、人民检察院、公安机关应当通过及时公布案件进展、涉案资产处置情况等方式，依法保障集资参与人的合法权利。集资参与人可以推选代表人向人民法院提出相关意见和建议；推选不出代表人的，人民法院可以指定代表人。人民法院可以视案件情况决定集资参与人代表人参加或者旁听庭审，对集资参与人提起附带民事诉讼等请求不予受理。

十一、关于行政执法与刑事司法衔接问题

处置非法集资职能部门或者有关行政主管部门，在调查非法集资行为或者行政执法过程中，认为案情重大、疑难、复杂的，可以商请公安机关就追诉标准、证据固定等问题提出咨询或者参考意见；发现非法集资行为涉嫌犯罪的，应当按照《行政执法机关移送涉嫌犯罪案件的规定》等规定，履行相关手续，在规定的期限内将案件移送公安机关。

人民法院、人民检察院、公安机关在办理非法集资刑事案件过程中，可商请处置非法集资职能部门或者有关行政主管部门指派专业人员配合开展工作，协助查阅、复制有关专业资料，就案件涉及的专业问题出具认定意见。涉及需要行政处理的事项，应当及时移交处置非法集资职能部门或者有关行政主管部门依法处理。

十二、关于国家工作人员相关法律责任问题

国家工作人员具有下列行为之一，构成犯罪的，应当依法追究刑事责任：

（一）明知单位和个人所申请机构或者业务涉嫌非法集资，仍为其办理行政许可或者注册手续的；

（二）明知所主管、监管的单位有涉嫌非法集资行为，未依法及时处理或者移送处置非法集资职能部门的；

（三）查处非法集资过程中滥用职权、玩忽职守、徇私舞弊的；

（四）徇私舞弊不向司法机关移交非法集资刑事案件的；

（五）其他通过职务行为或者利用职务影响，支持、帮助、纵容非法集资的。

（五）《最高人民法院、最高人民检察院、公安部关于办理非法集资刑事案件适用法律若干问题的意见》（2014 年 3 月 25 日）

为解决近年来公安机关、人民检察院、人民法院在办理非法集资刑事案件中遇到的问题，依法惩治非法吸收公众存款、集资诈骗等犯罪，根据刑法、刑事诉讼法的规定，结合司法实践，现就办理非法集资刑事案件适用法律问题提出以下意见：

一、关于行政认定的问题

行政部门对于非法集资的性质认定，不是非法集资刑事案件进入刑事诉讼程序的必经程序。行政部门未对非法集资作出性质认定的，不影响非法集资刑事案件的侦查、起诉和审判。

公安机关、人民检察院、人民法院应当依法认定案件事实的性质，对于案情复杂、性质认定疑难的案件，可参考有关部门的认定意见，根据案件事实和法律规定作出性质认定。

二、关于“向社会公开宣传”的认定问题

《最高人民法院关于审理非法集资刑事案件具体应用法律若干问题的解释》第一条第一款第二项中的“向社会公开宣传”，包括以各种途径向社会公众传播吸收资金的信息，以及明知吸收资金的信息向社会公众扩散而予以放任等情形。

三、关于“社会公众”的认定问题

下列情形不属于《最高人民法院关于审理非法集资刑事案件具体应用法律若干问题的解释》第一条第二款规定的“针对特定对象吸收资金”的行为，应当认定为向社会公众吸收资金：①

（一）在向亲友或者单位内部人员吸收资金的过程中，明知亲友或者单位内部人员向不特定对象吸收资金而予以放任的；

（二）以吸收资金为目的，将社会人员吸收为单位内部人员，并向其吸收资金的。

四、关于共同犯罪的处理问题

为他人向社会公众非法吸收资金提供帮助，从中收取代理费、好处费、返点费、佣金、提成等费用，构成非法集资共同犯罪的，应当依法追究刑事责任。能够及时退缴上述费用的，可依法从轻处罚；其中情节轻微的，可以免除处罚；情节显著轻微、危害不大的，不作为犯罪处理。

五、关于涉案财物的追缴和处置问题

向社会公众非法吸收的资金属于违法所得。以吸收的资金向集资参与人

---

① 按照2021年修改后的《最高人民法院关于审理非法集资刑事案件具体应用法律若干问题的解释》，应为第一条第四款。

支付的利息、分红等回报，以及向帮助吸收资金人员支付的代理费、好处费、返点费、佣金、提成等费用，应当依法追缴。集资参与人本金尚未归还的，所支付的回报可予折抵本金。

将非法吸收的资金及其转换财物用于清偿债务或者转让给他人，有下列情形之一的，应当依法追缴：

（一）他人明知是上述资金及财物而收取的；

（二）他人无偿取得上述资金及财物的；

（三）他人以明显低于市场的价格取得上述资金及财物的；

（四）他人取得上述资金及财物系源于非法债务或者违法犯罪活动的；

（五）其他依法应当追缴的情形。

查封、扣押、冻结的易贬值及保管、养护成本较高的涉案财物，可以在诉讼终结前依照有关规定变卖、拍卖。所得价款由查封、扣押、冻结机关予以保管，待诉讼终结后一并处置。

查封、扣押、冻结的涉案财物，一般应在诉讼终结后，返还集资参与人。涉案财物不足全部返还的，按照集资参与人的集资额比例返还。

六、关于证据的收集问题

办理非法集资刑事案件中，确因客观条件的限制无法逐一收集集资参与人的言词证据的，可结合已收集的集资参与人的言词证据和依法收集并查证属实的书面合同、银行账户交易记录、会计凭证及会计账簿、资金收付凭证、审计报告、互联网电子数据等证据，综合认定非法集资对象人数和吸收资金数额等犯罪事实。

七、关于涉及民事案件的处理问题

对于公安机关、人民检察院、人民法院正在侦查、起诉、审理的非法集资刑事案件，有关单位或者个人就同一事实向人民法院提起民事诉讼或者申请执行涉案财物的，人民法院应当不予受理，并将有关材料移送公安机关或者检察机关。

人民法院在审理民事案件或者执行过程中，发现有非法集资犯罪嫌疑的，应当裁定驳回起诉或者中止执行，并及时将有关材料移送公安机关或者检察机关。

公安机关、人民检察院、人民法院在侦查、起诉、审理非法集资刑事案件中，发现与人民法院正在审理的民事案件属同一事实，或者被申请执行的财物属于涉案财物的，应当及时通报相关人民法院。人民法院经审查认为确属涉嫌犯罪的，依照前款规定处理。

八、关于跨区域案件的处理问题

跨区域非法集资刑事案件，在查清犯罪事实的基础上，可以由不同地区的公安机关、人民检察院、人民法院分别处理。

对于分别处理的跨区域非法集资刑事案件，应当按照统一制定的方案处置涉案财物。

国家机关工作人员违反规定处置涉案财物，构成渎职等犯罪的，应当依法追究刑事责任。

二、构成要件

（一）犯罪客体

本罪的犯罪客体是国家的金融管理秩序。本罪的犯罪对象是公众存款。其中“公众”一般指不特定的群体（自然人或者单位）；“存款”是指存款人将资金存入银行或者其他金融机构，银行或者其他金融机构向存款人支付利息的一种经济活动。

（二）客观方面

根据《刑法》第一百七十六条的规定，本罪的客观方面表现为“非法吸收公众存款或者变相吸收公众存款”，结合相关司法解释，可以将前述客观表现归纳为以下几个特征。

1. 直接非法吸收与变相非法吸收。所谓“直接非法吸收”，指其所针对的是具有吸收公众存款的主体，但是该类主体采用了未经中国人民银行批准的方式，向社会不特定对象吸收资金，出具凭证，承诺在一定期限内还本付息的行为；所谓“变相非法吸收”，针对的是不具有吸收公众存款资格的主体，但是该类主体未经中国人民银行批准，不以吸收公众存款的名义（以非吸收存款之名行吸收存款之实），向社会不特定对象吸收资金，并且承诺履行的义务与吸收公众存款性质相同的活动。实务中，由于后者的案件发生率更高，所以《最高人民法院关于审理非法集资刑事案件具体应用法律若干问题的解释》第二条将常见的变相非法吸收存款行为进行罗列，使该罪的认定标准更加明确。

2. 公众存款。一般而言，存款是指本身应当向金融机构存放的资金，常见的包括个人储蓄、存款、投资等。从“公众”一词可以反映出本罪的重要属性之一，即社会性。它是指集资人向社会不特定对象吸收资金。“公众”具有两个层面：一是广泛性，二是不特定性。“广泛性”是指数量的广泛，根据相关法律，符合“广泛性”要求个人非法吸收或者变相吸收公众存款对象30人以上，或单位非法吸收或者变相吸收公众存款对象150人以上的。“不特定性”是特定性的相反概念，如集资人对亲人、朋友等特定对象的存款进行吸收，那么即使数额再大，一般也不构成非法吸收公众存款罪。作为延伸概念，在《最高人民法院、最高人民检察院、公安部关于办理非法集资刑事案件适用法律若干问题的意见》对这一概念作出了规定，在向亲友或者单位内部人员吸收资金的过程中，明知亲友或者单位内部人员向不特定对象吸收资金而予以放任的；以吸收资金为目的，将社会人员吸收为单位内部人员，并向其吸收资金的；向社会公开宣传，同时向不特定对象、亲友或者单位内部人员吸收资金的，都应视为非法吸收公众存款。

3. 公开性与利诱性。一方面，非法吸收公众存款的行为必然存在“公开性”，公开宣传有两种方式：一是主动宣传，以各种途径向社会公开传播吸收资金的信息；二是明知吸收资金的信息向社会公众扩散而予以放任。宣传大多通过媒体、推介会、传单、手机短信等。另一方面，在非法吸收公众存款的行为中，集资者的行为必然具有“利诱性”，即承诺有回报，《最高人民法院关于审理非法集资刑事案件具体应用法律若干问题的解释》对“回报”作出规定，承诺在一定期限内以货币、实物、股权等方式还本付息或者给付回报。

（三）犯罪主体

本罪的犯罪主体为一般主体，即年满16周岁且具有刑事责任能力的自然人，单位也可以成为犯罪主体。值得注意的是，由于本罪的行为方式包括非法吸收公众存款与变相吸收资金，所以其主体既包括不具有吸收公众存款资格的自然人及单位，以及虽具有吸收公众存款资格的主体，却采用违法手段吸收公众存款，如采用过高利率或者提前还本付息的方式吸收存款。目前我国金融体系内可以合法吸收公众存款的金融机构有：银行、信托、保险、券商、私募（合法操作）。《商业银行法》第十一条第二款规定："未经国务院银行业监督管理机构批准，任何单位和个人不得从事吸收公众存款等商业银行业务……"

（四）主观方面

本罪的主观方面是行为人具有吸收或者变相吸收公众存款的故意，但是不要求具有非法占有公众存款或者资金的目的，是否要求具有"非法占有公众存款或者资金的目的"是区分本罪与集资诈骗罪的关键点。

三、典型案例

案例 1　杨某某等人非法吸收公众存款案[①]

（一）基本案情

自2013年9月起，望某集团开始在线下进行非法吸收公众存款活动，2014年，杨某某利用其实际控制的公司又先后成立上海望某管理有限公司、望某管理有限公司，通过线下和线上两个渠道开展非法吸收公众存款活动。线上望某集团及其关联公司以网络借贷信息中介活动的名义进行宣传，线下望某集团在全国多个省、市开设门店，采用发放宣传单、举办年会、发布广告等方式进行宣传，理财客户或者通过与杨某某签订债权转让协议，或者通过匹配望某集团虚构的信贷客户借款需求方式进行投资，将投资款转账至杨某某个人名下的42个银行账户，被望某集团用于还本付息、生产经营等活动。

后由于资金链断裂，望某集团无法按期兑付本息，截至2016年4月20日，望某集团通过线上、线下两个渠道非法吸收公众存款共计64亿余元，未

---

① 参见浙江省杭州市江干区人民法院（2017）浙0104刑初133号一审刑事判决书。

兑付资金共计26亿余元，涉及集资参与人13,400余人。其中，通过线上渠道吸收公众存款11亿余元。

（二）法院认定及处理

望某集团以提供网络借贷信息中介服务为名，实际从事直接或间接归集资金，甚至自融或变相自融行为，本质是吸收公众存款。判断金融业务的非法性，应当以现行刑事法律和金融管理法律规定为依据，不存在被告人开展P2P业务时没有禁止性法律规定的问题。望某集团的行为已经扰乱金融秩序，破坏国家金融管理制度，应受刑事处罚。

法院最终判决如下：被告单位构成犯非法吸收公众存款罪，分别判处被告人杨某某有期徒刑9年6个月，并处罚金人民币50万元；判处被告人刘某某有期徒刑4年6个月，并处罚金人民币10万元；判处被告人吴某有期徒刑3年，缓刑5年，并处罚金人民币10万元；判处被告人张某某有期徒刑3年，缓刑5年，并处罚金人民币10万元。在案扣押冻结款项分别按损失比例发还；在案查封、扣押的房产、车辆、股权等变价后分别按损失比例发还。不足部分责令继续退赔。

一审判决后，被告人未提出上诉，公诉机关也未提出抗诉，判决已经发生法律效力。

案例2 “e租宝”集资诈骗、非法吸收公众存款案①

（一）基本案情

被告单位安徽钰某控股集团、钰某国际控股集团有限公司于2014年6月至2015年12月间，在不具有银行业金融机构资质的前提下，利用“e租宝”平台、芝麻金融平台发布虚假融资租赁债权项目及个人债权项目，包装成“e租年享”“年安丰裕”等若干理财产品进行销售，以承诺还本付息等为诱饵，通过电视台、网络、散发传单等途径向社会公开宣传，向115万余人非法吸

① 参见北京市高级人民法院（2017）京刑终216号二审刑事裁定书。

收资金762亿余元。其中，大部分集资款被用于返还集资本息、收购线下销售公司等平台运营支出，或被挥霍以及用于其他违法犯罪活动，造成集资款损失380亿余元。此外，钰某国际控股集团有限公司、丁某等人还走私贵重金属、非法持有枪支、偷越国境。

（二）法院认定及处理

法院认为，被告单位安徽钰某控股集团、钰某国际控股集团有限公司及被告人丁某、张某等10人以非法占有为目的，使用诈骗方法非法集资，其行为均已构成集资诈骗罪；被告人王某某等16人违反国家金融管理法律规定，变相吸收公众存款，其行为均已构成非法吸收公众存款罪。二被告单位以及丁某等被告人的非法集资行为，犯罪数额特别巨大，造成全国多地集资参与人的巨额财产损失，严重扰乱国家金融管理秩序，犯罪情节、后果特别严重，应依法惩处。

法院最终以集资诈骗罪、走私贵重金属罪判处被告单位钰某国际控股集团有限公司罚金人民币18.03亿元；以集资诈骗罪判处安徽钰某控股集团罚金人民币1亿元；以集资诈骗罪、走私贵重金属罪、非法持有枪支罪、偷越国境罪判处丁某无期徒刑，剥夺政治权利终身，并处没收个人财产50万元，罚金人民币1.0001亿元；以集资诈骗罪判处丁某某无期徒刑，剥夺政治权利终身，并处罚金人民币7000万元。分别以集资诈骗罪、非法吸收公众存款罪、走私贵重金属罪、偷越国境罪，对张某等24人判处有期徒刑十五年至三年不等刑罚，并处剥夺政治权利及罚金。在案扣押、冻结款项分别按比例发还集资参与人；在案查封、扣押的房产、车辆、股权、物品等变价后发还集资参与人，不足部分继续责令退赔并按照同等原则分别发还。

案例3 “昆明泛亚”非法吸收公众存款案①

（一）基本案情

2011年11月至2015年8月间，被告单位昆明泛亚公司董事长、总经理

① 参见《人民法院依法惩治金融犯罪典型案例》，载最高人民法院官网2022年9月22日，https://www.court.gov.cn/zixun/xiangqing/372731.html。

（总裁）单某某与主管人员郭某、王某经商议策划，违反国家金融管理法律规定，以稀有金属买卖融资融货为名推行“委托受托”业务，向社会公开宣传，承诺给付固定回报，诱使社会公众投资，变相吸收巨额公众存款。共非法吸收公众存款1678亿余元，造成338亿余元无法偿还。其间，单某某、杨某某还在经营、管理昆明泛亚公司期间，利用职务之便，单独或共同将公司财物占为己有。

（二）法院认定及处理

法院认为，被告单位昆明泛亚公司等4家公司、被告人单某某等21人违反国家金融管理法律规定，变相吸收公众存款，数额巨大，其行为均已构成非法吸收公众存款罪；单某某、杨某某利用职务便利，非法将本单位财物据为己有，数额巨大，其行为构成职务侵占罪，均应依法惩处。

法院最终作出如下判决：以非法吸收公众存款罪判处昆明泛亚公司罚金人民币10亿元，分别判处云南天浩稀贵公司等3家被告单位罚金人民币5亿元、5000万元和500万元；以非法吸收公众存款罪、职务侵占罪判处单某某有期徒刑18年，并处没收个人财产人民币5000万元，罚金人民币50万元。对其他被告人分别依法追究相应刑事责任。查封、扣押、冻结的涉案财物依法处置，按比例发还集资参与人；违法所得继续予以追缴，不足部分责令继续退赔，并按同等原则发还集资参与人。

四、相关问题与法理分析

（一）本罪的适用趋势

随着金融行业和互联网行业的不断发展，“非法吸收公众存款”行为的定义范围也在不断扩大，2021年修改的《最高人民法院关于审理非法集资刑事案件具体应用法律若干问题的解释》新增有关养老方面的非法吸收公众存款的行为方式。在实践操作中，非法吸收公众存款罪逐渐成为非法集资的兜底罪名。

首先，最为明显的是“非法性”概念的扩张。“非法性”的主要认定标准是未经有关部门批准和未使用合法的方式吸收存款，目前的二元认定，即形式认定+实质认定，可能会导致一些新型的合法的民间借贷和私募基金被归为此罪。

其次，在“公众性”和“社会性”中，实践对“公众”这一概念认定存在不足，虽然对特定对象做了一定的限制，但在实践操作中依旧存在认定的问题。“亲友”和“单位内部”的范围不明确等问题，导致在实践中，向这些特定人群吸收存款，哪怕吸收数额再多，辐射范围再广，都有可能不构成非法吸收公众存款罪，这与维护金融秩序的立法本意相违背。

最后，“利诱性”是认定非法吸收公众存款罪的另一大特性，一些司法实践判决会将“吸收资金且还本付息这种行为”统一视为非法吸收公众存款，仅以这一行为表现模式作为判断要素较为片面，而且若是凭借这一特性就将合法的民间行为定性为非法吸收存款，显然不妥。

（二）本罪与集资诈骗罪的关系

实务中，非法吸收公众存款罪与集资诈骗罪的区分往往是大多数案件的争议焦点。根据《刑法》第一百九十二条之规定，集资诈骗罪是指以非法占有为目的，使用诈骗方法非法集资，且数额较大的行为。由于非法吸收公众存款罪与集资诈骗罪的客体均包括国家的金融秩序，所以二者的主要区别在主观方面和客观方面。以下主要介绍二罪在这两个方面的区别。

第一，从主观方面来看，集资诈骗罪位于金融诈骗罪一节，要求具有非法占有募集资金的目的，而非法吸收公众存款罪在主观上不具有非法占有的目的。根据《最高人民法院关于审理非法集资刑事案件具体应用法律若干问题的解释》和《全国法院审理金融犯罪案件工作座谈会纪要》对“非法占有”的规定，金融诈骗案件中行为人通过诈骗手段非法获取资金，造成数额较大资金不能归还的，以下情形可以认定为具有非法占有目的：（1）明知没有归还能力而大量骗取资金；（2）非法获取资金后逃跑的；（3）肆意挥霍骗取资金的；（4）使用骗取的资金进行非法犯罪活动；（5）抽逃、转移资金、隐匿财产，以逃避返还资金的。

第二，从客观方面来看，集资诈骗罪未将集资资金进行项目运营，而是虚构宣传的情节；非法吸收公众存款罪多以利诱的方式，将募集的资金用于投资、放贷等，是有对应的实体项目的存在。

第五章　伪造、变造金融票证罪

金融票证是商品交换和信用活动的产物，它对于加速资金周转以提高社会资金使用效益、及时进行商品交易以促进商品流通、及时清结债权债务以节省流通费用以及规范商业信用等具有重要意义。随着我国改革开放后经济的快速发展，金融票证在商品交易、清洁债权债务等方面得到了日益广泛的应用。金融票证已成为我国经济生活中日益重要的信用支付或结算工具。随着金融票证在经济生活中重要性的越来越突出，伪造、变造金融票证的违法犯罪活动也开始滋生、蔓延。这种犯罪行为不仅损害了有关当事人的正当权益，更影响了金融票证应有的信誉，破坏了国家的金融票证管理制度，妨害了经济的健康有序发展。

1979 年《刑法》通过设定“伪造有价证券罪”对本罪的行为进行规制。随着金融业务领域的不断拓宽，金融票证的适用范围愈加广泛，甚至包括信用卡等。所以 1995 年的《关于惩治破坏金融秩序犯罪的决定》就明确规定了伪造、变造金融票证罪，将该罪所定义的伪造对象扩大到汇票、本票、信用卡等，并将变造行为纳入犯罪体系。而 1997 年《刑法》则在吸收上述决定内容的同时，将单位增设为本罪的犯罪主体。

一、相关法律规定

（一）《刑法》（2023 年修正）

第一百七十七条　有下列情形之一，伪造、变造金融票证的，处五年以下有期徒刑或者拘役，并处或者单处二万元以上二十万元以下罚金；情节严重的，处五年以上十年以下有期徒刑，并处五万元以上五十万元以下罚金；情节特别严重的，处十年以上有期徒刑或者无期徒刑，并处五万元以上五十万元以下罚金或者没收财产：

（一）伪造、变造汇票、本票、支票的；

（二）伪造、变造委托收款凭证、汇款凭证、银行存单等其他银行结算凭证的；

（三）伪造、变造信用证或者附随的单据、文件的；

（四）伪造信用卡的。

单位犯前款罪的，对单位判处罚金，并对其直接负责的主管人员和其他直接责任人员，依照前款的规定处罚。

（二）《最高人民检察院、公安部关于公安机关管辖的刑事案件立案追诉标准的规定（二）》（2022 年 4 月 6 日公布）

第二十四条　〔伪造、变造金融票证案（刑法第一百七十七条）〕伪造、变造金融票证，涉嫌下列情形之一的，应予立案追诉：

（一）伪造、变造汇票、本票、支票，或者伪造、变造委托收款凭证、汇款凭证、银行存单等其他银行结算凭证，或者伪造、变造信用证或者附随的单据、文件，总面额在一万元以上或者数量在十张以上的；

（二）伪造信用卡一张以上，或者伪造空白信用卡十张以上的。

（三）《最高人民法院、最高人民检察院关于办理妨害信用卡管理刑事案件具体应用法律若干问题的解释》（2018 年 11 月 28 日公布）

第一条　复制他人信用卡、将他人信用卡信息资料写入磁条介质、芯片或者以其他方法伪造信用卡一张以上的，应当认定为刑法第一百七十七条第一款第四项规定的“伪造信用卡”，以伪造金融票证罪定罪处罚。

伪造空白信用卡十张以上的，应当认定为刑法第一百七十七条第一款第四项规定的“伪造信用卡”，以伪造金融票证罪定罪处罚。

伪造信用卡，有下列情形之一的，应当认定为刑法第一百七十七条规定的“情节严重”：

（一）伪造信用卡五张以上不满二十五张的；

（二）伪造的信用卡内存款余额、透支额度单独或者合计数额在二十万元以上不满一百万元的；

（三）伪造空白信用卡五十张以上不满二百五十张的；

（四）其他情节严重的情形。

伪造信用卡，有下列情形之一的，应当认定为刑法第一百七十七条规定的“情节特别严重”：

（一）伪造信用卡二十五张以上的；

（二）伪造的信用卡内存款余额、透支额度单独或者合计数额在一百万元以上的；

（三）伪造空白信用卡二百五十张以上的；

（四）其他情节特别严重的情形。

本条所称“信用卡内存款余额、透支额度”，以信用卡被伪造后发卡行记录的最高存款余额、可透支额度计算。

二、构成要件

（一）犯罪客体

本罪所侵害的法益是金融票证的信用体系及国家对金融票证的管理制度。

（二）客观方面

本罪的客观方面表现为伪造、变造各种金融票证的行为。所谓伪造金融票证，是指无权制作金融票证的假冒他人或虚构他人的名义擅自制作金融票证的行为。

所谓变造金融票证，是擅自对他人的有效金融票证上所载内容进行变更的行为。伪造和变造金融票证的结果都产生“假金融票证”，但伪造是一种完全的造假行为，变造则以真实的金融票证为前提，变造后的金融票证并未完全否定原来的有效成分。因此相对来说，伪造金融票证的危害性要大于变造金融票证，前者可能给被害人造成更大的损失。

伪造和变造金融票证都产生“假金融票证”，金融票证的伪造与变造的区别在于伪造无中生有，是一种完全造假行为，而变造则是在真金融票证的基础上造假，以真实的金融票证为前提，并不改变原金融票证的本来属性，即不使原金融票证的本质完全丧失。如果对金融票证进行变更的行为使原金融票证丧失了原有的全部有效成分，则不属于变造，而属于伪造。

伪造与变造是本罪客观方面的两种行为方式，针对不同的金融票证，犯罪分子具体实施行为时会有所不同，因而，刑法根据犯罪对象的不同，规定了以下4种伪造、变造金融票证情形。

1. 伪造、变造汇票、本票、支票的行为

汇票是出票人签发的，委托付款人在见票时，或者在指定日期无条件支付确定的金额给收款人或者持票人的票证。汇票是国际结算中使用最广泛的一种信用工具。它是一种委付证券，基本的法律关系最少有三方：出票人、受票人和收款人。

本票是指发票人自己于到期日无条件支付一定金额给收款人的票证。这种票证只涉及出票人和收款人两方。出票人签发本票并自负付款义务。本票一般应载明："本票"字样，无条件支付承诺，收款人或其指定人（无收款人名字则以持票人为收款人），支付金额，签发日期和地点，付款日期和地点，发票人签名等。按票面是否载明受款人姓名，本票可分为记名本票和不记名本票。按票面有无到期日期可分为定期本票和即期本票。本票不需经承兑，出票人出票后即承担付款责任。

支票是出票人签发的，委托办理支票存款业务的银行或者其他金融机构在见票时无条件支付确定的金额给收款人或者持票人的票证。同样，支票制度也适用于汇票的有关规定，所以，下文只介绍针对支票不同于汇票的特殊规定。支票的特征表现在：（1）支票是委付证券，但支票的付款人比较特殊，必须是有支票存款业务资格的银行或非银行金融机构；（2）我国的支票只有即期支票，支票无承兑制度；（3）支票的提示付款期限自出票日起10天；（4）支票可以背书转让，① 但用于支取现金的支票不得背书转让。

2. 伪造、变造委托收款凭证、汇款凭证、银行存单等其他银行结算凭证的行为

委托收款，是指收款人委托银行向付款人收取款项的结算方式。委托收款分邮寄和电报划回两种，由收款人选用。前者是以邮寄方式由收款人开户

---

① 背书转让是指以转让票证权利为目的的背书行为。《票据法》相关规定，持票人将票证权利转让给他人，应当背书并交付票证。所以，持票人为了转让票证权利，而在票证背面或者粘单上记载有关事项并签章，就是在进行背书转让。背书转让一经成立，即发生法律效力，产生票证权利转移的效力、票证权利的证明效力和票证责任的担保效力等背书效力。

银行向付款人开户银行转送委托收款凭证、提供收款依据的方式；后者则是以电报方式由收款人开户银行向付款人开户银行转送委托收款凭证，提供收款依据的方式。邮寄划回和电报划回凭证均一式五联。第一联回单，由收款人开户行给收款人的回单；第二联收款凭证，收款人开户行作收入传票；第三联支款凭证，由付款人开户行作付出传票；第四联收款通知（或发电依据），由收款人开户行在款项收妥后给收款人的收款通知（或付款人开户行凭以拍发电报）；第五联付款通知，由付款人开户行给付款人按期付款的通知。例如，凡在银行或其他金融机构开立账户的单位和个体经济户的商品交易，公用事业单位向用户收取水电费、邮电费、煤气费、公房租金等劳务款项以及其他应收款项，无论是在同城还是异地，均可使用委托银行向用户收款的结算方式。而使用过委托收款结算方式的凭证包括已承兑的商业汇票、债券、定期储蓄存款、定活两便储蓄存款以及活期储蓄存款等。

汇款凭证是指汇款人委托银行将款项汇给外地收款人时所填写的凭据和证明，它是针对汇总结算方式而言的。银行存单是指银行凭以办理储蓄业务的一种信用凭证。存单一般用于一次存取的整存整取、定活两便储蓄。

目前，不只有以上结算凭证方式和种类，因此在刑法上采用“其他”一词对银行结算凭证种类作为一个弹性规定。所有银行结算凭证必须由有关管理部门批准，必须按统一格式统一印刷，任何单位、个人不得非法印刷，不得伪造、变造。

3. 伪造、变造信用证或者附随的单据、文件的行为

信用证，是指银行根据进口人的请求，开给出口人的一种保证承担支付货款责任的书面凭证。在信用证内，银行授权出口人在符合信用证规定的条件下，以该行或其指定的银行为付款人，开具不得超过规定金额的汇票，并按规定随附装运单据，按期在指定地点收取货物。因此，在信用证结算时，必须附随各种单据，这些单据作为信用证结算的基础。由于信用证交易实际上是单据的买卖，银行只能凭单据付款，只要单单相符、单证相符，银行即应无条件地予以付款。因而，除了伪造、变造信用证外，信用证必须附随的单据、文件也成为犯罪分子伪造、变造的对象。

4. 伪造信用卡的行为

信用卡是一种非现金交易付款的方式，是简单的信贷服务，是商业银行

向个人和单位发行的，凭此向特约单位购物、消费和向银行存取现金，具有消费信用的特制载体卡片，其形式是一张正面印有发卡银行名称、有效期、号码、持卡人姓名等内容，背面有磁条、签名条的卡片。不鼓励预存现金，先消费后还款，享有免息缴款期，可自主分期还款，有最低还款额，加入VISA、MASTER等国际信用卡组织以便全球通用。

（三）犯罪主体

本罪的犯罪主体是一般主体，凡是达到刑事责任年龄且具有刑事责任能力的自然人和单位都可以构成本罪主体。

（四）主观方面

本罪的主观方面只能是故意。行为人因过失而错写误填票证内容的，仅需承担相应民事责任，而不构成犯罪。即使行为人错写误填票证后又故意使用的，也只能按金融票证诈骗罪等其他犯罪追究刑事责任，而不能以本罪论处。

三、典型案例

案例1 栾某某信用证诈骗、青岛H公司及于某某、T公司及江某伪造金融票证案①

（一）基本案情

2015年5月起，被告人栾某因无力偿还个人债务，先后找到被告人于某、江某，商议以虚构进口贸易，循环开立远期信用证后贴现的方式套取资金。三人约定由于某负责寻找开证公司，江某负责信用证议付贴现，栾某负责提供开证保证金及到期还款。

2015年9月15日，被告人于某找到被害单位M公司，谎称其任法定代表人的H公司需要进口一批非洲奥古曼圆木，遂与M公司签订《代理进口协

① 参见上海市第一中级人民法院（2018）沪01刑终156号二审刑事判决书。

议》，约定由M公司作为代理商，向H公司指定的卖方即被告人江某实际负责的T公司采购该批木材。同年10月20日，M公司依约与T公司签订《合同》。上述《代理进口协议》及《合同》约定，买卖合同金额为2,295,000美元（允许数量和金额10%上下浮动）；通过信用证方式付款；以及H公司先行支付合同价款20%的履约保证金后M公司向银行申请开立信用证。

2015年10~11月间，被告人栾某以自有资金及向江某等人借款的方式筹集保证金294万元，通过H公司支付给M公司。M公司收到该笔保证金后，于11月2日向中国建设银行上海闸北支行申请受益人为T公司的不可撤销90天远期信用证。该信用证要求具备海运提单、商业发票及受益人证明等跟单票证。

2015年11月，被告人于某与栾某商议后伪造海运提单，被告人江某指使T公司员工伪造了金额为2,275,217.37美元的商业发票及受益人证明等票据，并将上述伪造的跟单票证一并提交议付行上海浦东发展银行申请贴现。同月16日，上海浦东发展银行将2,275,217.37美元（折合人民币1450万余元）发放至T公司的离岸账户。被告人江某在支付信用证贴现手续费后，通过关联公司及他人将上述资金兑换成人民币。嗣后，栾某得款人民币940余万元，主要用于偿还个人债务；于某得款147万元，江某得款356万余元，均用于各自公司的经营等。

2015年12月，被害单位M公司持提单向承运人提货时，发现提单系伪造。后经M公司催讨，被告人栾某、于某共还款人民币70万元。

2016年12月，公安人员经侦查，先后抓获被告人于某和江某。于某到案后，协助公安人员抓获了栾某。

（二）法院认定及处理

案发后，栾某退赔170万元，江某退赔218万余元。一审法院以栾某犯信用证诈骗罪判处有期徒刑10年，剥夺政治权利3年，并处罚金人民币10万元，以于某犯伪造金融票证罪判处有期徒刑4年6个月，并处罚金人民币5万元，以江某犯伪造金融票证罪判处有期徒刑5年，并处罚金人民币5万元。对H公司、T公司以伪造金融票据罪，分别处罚金人民币8万元和10万元。

二审审理期间，江某继续退赔600余万元，于某退赔5万元。二审法院维持对栾某、H 公司和 T 公司的一审判决，改判于某有期徒刑 4 年并处罚金，江某有期徒刑 3 年，缓刑 4 年并处罚金。

案例 2　段某某、杨某某等 14 人伪造金融票证、非法吸收公众存款案①

（一）基本案情

自 2011 年始，段某某（银行工作人员）多次为杨某某经营的山东创能石化科技有限公司进行融资，欠下巨额高息借款无法归还。为了归还之前借款以及继续建设山东创能石化科技有限公司，段某某与杨某某商议后决定继续从多方筹集资金。

2013 年春节前后，段某某等 4 人共谋以“非阳光操作”的方式吸收存款。该方式要求中间人带存款人至指定银行的指定柜台办理转账业务，银行柜员将存款人的资金转到特定的非银行揽储账户，并将事先伪造好的假存单等通过银行柜台交予存款人，用款人收到存款后进行贴息，参与人按照约定比例进行贴息分成。杨某某在明知“非阳光操作”具体模式的情况下，同意吸收存款用于山东创能石化科技有限公司的经营，并承诺负责支付保证金、转账贴息等业务。

2013 年 3 月至 2015 年 5 月，段某某等人先后在山东省邹平农村商业银行股份有限公司台子支行镇中分理处、山东省博兴农村商业银行股份有限公司曹王支行、滨州市滨城区农村信用合作联社渤海五路分社以“非阳光操作”为名，伪造假存单 43 张，金额 29,894 万元，共计吸收 28 名存款人资金 26,473 万元，造成存款人实际损失 16,035.09 万元。

（二）法院认定及处理

二审法院进行终审判决，被告人段某某犯伪造金融票证罪、非法吸收公众存款罪，数罪并罚，合并执行有期徒刑 20 年，并处罚金人民币 80 万元；被告人杨某某犯伪造金融票证罪、非法吸收公众存款罪，数罪并罚，合并执

---

① 参见山东省滨州市（地区）中级人民法院（2017）鲁 16 刑终 203 号二审刑事判决书。

行有期徒刑20年，并处罚金人民币80万元；其他12名参与人犯伪造金融票证罪、非法吸收公众存款罪，分别判处有期徒刑3年零6个月到17年有期徒刑不等，并处罚金。

案例3 高某窃取信用卡信息、伪造金融票证、信用卡诈骗案[①]

（一）基本案情

被告人高某于2014年11～12月间，通过他人改装了5台福建联迪商用设备有限公司生产的移动POS机，使上述移动POS机增加了记录、存储以及发送在该POS机刷卡消费的相关银行卡信息和密码至其指定手机的功能。嗣后，其即将上述改装好的移动POS机提供给上海市部分商户用于正常刷卡交易，其中1台提供给了上海市浦东新区如索超市经营者陆某某处使用。案发后，根据银联卡反欺诈服务中心提供的该移动POS机刷卡交易数据量等证据测算，仅2014年12月16～27日期间，高某先后非法窃得他人银行卡信息共43条。与此同时，高某于2014年11月至案发，购买写码器及大量的空白信用卡，将非法获取的他人信用卡信息通过磁条写入的方式制作成伪造的信用卡，其后公安机关从其住处查获的11张空白信用卡中，有6张系伪造的信用卡。此外，高某于2014年11月至案发，通过互联网QQ向同案关系人李某、何某某（均另案处理）等人出售其窃得的信用卡信息7条，按约定由上述人员制作伪卡后通过取现、套现及网上转账等方式进行盗刷，并约定分成比例，其间共计盗刷人民币391,698元，高某非法获利人民币8万元。

（二）法院认定及处理

一审法院作出判决：被告人高某犯窃取信用卡信息罪，判处有期徒刑5年，并处罚金人民币5万元；犯伪造金融票证罪，判处有期徒刑5年，并处罚金人民币5万元；犯信用卡诈骗罪，判处有期徒刑7年，并处罚金人民币30万元，决定执行有期徒刑14年，并处罚金人民币40万元。

---

① 上海市第二中级人民法院（2016）沪02刑终1047号二审刑事判决书。

一审宣判后，被告人高某不服，向上海市第二中级人民法院提出上诉。2016 年 11 月 22 日，上海市第二中级人民法院作出（2016）沪 02 刑终 1047 号裁定，驳回上诉，维持原判。

四、相关问题与法理分析

（一）金融票证真实性对认定本罪的影响

在司法实践中，构成伪造、变造金融票证罪是否一定要求仿照的是“某一种真实存在的金融票证”存在分歧。有观点认为，伪造、变造的金融票证只要具有金融票证的外观、格式等特点，能够使一般人信以为真，不论这种金融票证是否真实存在，都能构成犯罪。① 也有观点认为，伪造、变造金融票证都需要以真正的金融票证为基础，如果行为人伪造、变造我国金融体系中并不存在的金融票证，用以实施骗取金钱和财物的活动，则不能构成伪造、变造金融票证罪，仅能认定为侵犯财产权的行为，如果数额较大的，应该以诈骗罪论处。② 对此，笔者认为应按照后一种观点处理，因为行为人所“独创”的金融票证不足以危害国家的金融管理制度，也不会侵害客观实际存在的任何一种真实有效的金融票证的信用和效能。此类行为应该认定为诈骗行为，按照诈骗罪的有关规定定罪处罚。

（二）共同伪造、变造金融票证犯罪的认定与处理

对共同伪造、变造金融票证的行为应该区别情况予以惩处。

第一，二人以上的行为主体在共同故意支配下，共同实施伪造、变造金融票证行为，应以伪造、变造金融票证的共同犯罪论处。

第二，两人以上存在事前沟通，进行分工，一方伪造或变造金融票证，另一方利用该伪造或变造的金融证谋取非法利益，该两人看似是孤立的个体，实则他们都有一个共同目的，并且存在共同故意，是统一的犯罪行为。因此他们的行为是共同犯罪行为，不可或缺的组成部分，应以共同犯罪论处。

第三，伪造，变造金融票证的一方。事前没有与他人进行沟通协商，伪

---

① 参见赵秉志主编：《金融诈骗罪新论》，人民法院出版社 2001 年版，第 71 页。

② 参见刘华：《票据犯罪若干问题研究》，载《法学研究》2000 年第 6 期。

造、变造成功之后出售给他人使用的，而他人明知是伪造、变造的金融票证人予以购买并使用进行非法牟利的。由于二者没有事先通谋，没有共同的犯罪故意，因此不能以共同犯罪论处，应该分别构成伪造、变造金融票证罪与金融票证诈骗罪或票证诈骗罪。

第六章　妨害信用卡管理罪

信用卡是通过给消费者授信，从而允许消费者对其消费延期付款的一种付款方式，通过这种付款方式，将信用行为从生产到消费这一领域上延伸，对于促进社会再生产以及推动经济发展发挥着重要作用。但是，一旦信用卡犯罪行为发生，将会使金融管理秩序遭到破坏，同时还会对社会公众的经济利益造成严重的损害，将会造成直接实际的危害。针对其所造成的危害情况，刑法必须要把这类违法行为纳入规制体系当中。

我国1997年《刑法》只是对伪造、变造信用卡以及信用卡诈骗的行为进行了规制，并未将运输、持有以及使用虚假身份证明骗领信用卡的行为列入处罚范畴。对此，2005年的《刑法修正案（五）》对《刑法》第一百七十七条增加了一个条款，作为第一百七十七条之一。2009年的《最高人民法院、最高人民检察院关于办理妨害信用卡管理刑事案件具体应用法律若干问题的解释》（经2018年修正）则对本罪的数额和其他犯罪情节作出明确规定，并且对本罪涉及的相关概念作出进一步的解释。

一、相关法律规定

（一）《刑法》（2023年修正）

第一百七十七条之一　有下列情形之一，妨害信用卡管理的，处三年以下有期徒刑或者拘役，并处或者单处一万元以上十万元以下罚金；数量巨大或者有其他严重情节的，处三年以上十年以下有期徒刑，并处二万元以上二十万元以下罚金：

（一）明知是伪造的信用卡而持有、运输的，或者明知是伪造的空白信用卡而持有、运输，数量较大的；

（二）非法持有他人信用卡，数量较大的；

（三）使用虚假的身份证明骗领信用卡的；

（四）出售、购买、为他人提供伪造的信用卡或者以虚假的身份证明骗领的信用卡的。

窃取、收买或者非法提供他人信用卡信息资料的，依照前款规定处罚。

银行或者其他金融机构的工作人员利用职务上的便利，犯第二款罪的，从重处罚。

（二）《最高人民法院、最高人民检察院关于办理妨害信用卡管理刑事案件具体应用法律若干问题的解释》（2018 年 11 月 28 日公布）

第一条　复制他人信用卡、将他人信用卡信息资料写入磁条介质、芯片或者以其他方法伪造信用卡一张以上的，应当认定为刑法第一百七十七条第一款第四项规定的“伪造信用卡”，以伪造金融票证罪定罪处罚。

伪造空白信用卡十张以上的，应当认定为刑法第一百七十七条第一款第四项规定的“伪造信用卡”，以伪造金融票证罪定罪处罚。

伪造信用卡，有下列情形之一的，应当认定为刑法第一百七十七条规定的“情节严重”：

（一）伪造信用卡五张以上不满二十五张的；

（二）伪造的信用卡内存款余额、透支额度单独或者合计数额在二十万元以上不满一百万元的；

（三）伪造空白信用卡五十张以上不满二百五十张的；

（四）其他情节严重的情形。

伪造信用卡，有下列情形之一的，应当认定为刑法第一百七十七条规定的“情节特别严重”：

（一）伪造信用卡二十五张以上的；

（二）伪造的信用卡内存款余额、透支额度单独或者合计数额在一百万元以上的；

（三）伪造空白信用卡二百五十张以上的；

（四）其他情节特别严重的情形。

本条所称“信用卡内存款余额、透支额度”，以信用卡被伪造后发卡行记录的最高存款余额、可透支额度计算。

第二条　明知是伪造的空白信用卡而持有、运输十张以上不满一百张的，应当认定为刑法第一百七十七条之一第一款第一项规定的“数量较大”；非法持有他人信用卡五张以上不满五十张的，应当认定为刑法第一百七十七条之一第一款第二项规定的“数量较大”。

有下列情形之一的，应当认定为刑法第一百七十七条之一第一款规定的“数量巨大”：

（一）明知是伪造的信用卡而持有、运输十张以上的；

（二）明知是伪造的空白信用卡而持有、运输一百张以上的；

（三）非法持有他人信用卡五十张以上的；

（四）使用虚假的身份证明骗领信用卡十张以上的；

（五）出售、购买、为他人提供伪造的信用卡或者以虚假的身份证明骗领的信用卡十张以上的。

违背他人意愿，使用其居民身份证、军官证、士兵证、港澳居民往来内地通行证、台湾居民来往大陆通行证、护照等身份证明申领信用卡的，或者使用伪造、变造的身份证明申领信用卡的，应当认定为刑法第一百七十七条之一第一款第（三）项规定的“使用虚假的身份证明骗领信用卡”。

第三条　窃取、收买、非法提供他人信用卡信息资料，足以伪造可进行交易的信用卡，或者足以使他人以信用卡持卡人名义进行交易，涉及信用卡一张以上不满五张的，依照刑法第一百七十七条之一第二款的规定，以窃取、收买、非法提供信用卡信息罪定罪处罚；涉及信用卡五张以上的，应当认定为刑法第一百七十七条之一第一款规定的“数量巨大”。

二、构成要件

（一）犯罪客体

本罪的犯罪客体是国家对信用卡秩序的管理制度以及信用卡持卡人的合法权益，构成本罪要求破坏信用卡制度运行的环境。此外，刑法中规定的信用卡是指商业银行或者其他金融机构发行的具有消费支付、信用贷款、转账结算、存取现金等全部功能或者部分功能的电子支付卡。因而按此理解，储蓄卡甚至一般意义上的银行卡都属于这里所指的“信用卡”。

（二）客观方面

根据《刑法》第一百七十七条之一的规定，本罪的客观方面主要分为以下 4 种类型。

第一，明知是伪造的信用卡而持有、运输的，或者明知是伪造的空白信用卡而持有、运输，数量较大的。从法条表述来看，持有、运输伪造的信用卡的，不以数量较大为要件；持有、运输伪造的空白信用卡的，以数量较大为要件（根据立案标准，数量累计在 10 张以上的属于数量较大）。伪造的空白信用卡，是指未经国家主管部门批准的单位或者个人制作的未输入用户信息的信用卡。

第二，非法持有他人信用卡，数量较大的。他人信用卡，是指以他人名义领取的信用卡，刑法并未将他人信用卡限定为他人真实有效的信用卡。非法持有他人信用卡，即违反信用卡管理规定持有他人信用卡。此外，违法获得他人信用卡后而持有的，其持有行为便具有非法性。例如，拾得他人多张信用卡而持有的，即属于非法持有他人信用卡。经持卡人同意而持有他人信用卡的，需要具体判断。为持卡人保管、取款而持有他人信用卡的，不成立本罪；但是，购买他人信用卡后而持有的，属于非法持有他人信用卡。根据立案标准，非法持有他人信用卡，数量累计在 5 张以上的属于数量较大。

第三，使用虚假的身份证明骗领信用卡的。其中包括两种情形：一是以伪造、变造的身份证明骗领信用卡；二是使用他人真实身份证明（包括居民身份证、军官证、士兵证、港澳居民往来内地通行证、台湾居民来往大陆通行证、护照等身份证明）为自己骗领信用卡。虚假的身份证明既包括“持卡人”（申领人）的虚假身份证明，也包括保证人的虚假身份证明。骗领信用卡，既包括骗领原始的信用卡，也包括以他人的身份证明挂失他人的信用卡并骗领补办的信用卡。将自己的真实身份证件提供给他人用于骗领信用卡的，成立使用虚假的身份证明骗领信用卡的共犯（或共同正犯）。

第四，出售、购买、为他人提供伪造的信用卡或者以虚假的身份证明骗领的信用卡的。我国法律对信用卡管理的规定是严禁出售、购买或为其他人使用，并且也不能为其他人提供购买或出售信用卡的条件，不能为其提供伪造信用卡和假身份证等办理信用卡的信息。因为上述的一切行为都会造成银行对信用卡管理的阻碍，影响银行资金的安全及信用卡使用时的信息安全，损害我国金融管理的正常运行程序。出售伪造的信用卡或以虚假身份证明骗领的信用卡就是指行为人将伪造的或者以虚假身份证明骗取的信用卡有偿地转让给其他消费者。购买伪造的信用卡或以虚假身份证明骗领的信用卡是指行为人以虚假的身份对信用卡进行收购买进，包括空白信用卡、其他人不用的废旧信用卡等。可见在妨害信用卡犯罪方面，无论行为人是购买还是出售都违反了法律规定，妨害了信用卡的正常使用。“为他人提供”是指其他将伪造的信用卡或者以虚假的身份证明骗领的信用卡交付他人的行为，包括出租、出借、赠送等。

（三）犯罪主体

本罪的犯罪主体是达到刑事责任年龄并且具有刑事责任能力的自然人，不包括单位。

（四）主观方面

总结本罪的主观方面之前，可以先探讨一下刑法总则中的“明知”与分则中明知的关系问题。根据总则的规定，“明知”是犯罪故意的认识要素。总则中的“明知”是对认识要素的抽象性规定，就是指明确认识到自己的行为会发生危害社会的结果。它是刑法中判断犯罪故意认知因素的一个核心标准，也是犯罪故意是否成立的关键。而分则中的“明知”则被具体化，与总则中的“明知”相较，分则中的“明知”要求行为人认识到特定行为对象。确切地说，根据主客观相统一原则，法定的行为对象应当与行为人实际认识的对象及内容相符。从“明知”的内容来看，还应当包括法定犯罪的手段、环境与时间。

因此，结合本罪的客观方面，对妨害信用卡管理罪构成要件中的“明知”依据《刑法》总则中的“明知”进行理解更为合适。比如，行为人在运输的过程中，明明知道自己所持有的卡是空白或伪造的，但是依然不阻止他继续犯罪，这种明知现象就促进了妨碍信用卡犯罪中的故意的形成。但是，如果行为人在无法认识到自己的行为对象及内容，即确实不知自己所运输的信用卡是伪造的或者是空白的，那么也就无法对自己的行为产生责任感，因此不能判定他构成妨害信用卡管理罪的故意，也就不能认定其构成妨害信用卡管理罪。

三、典型案例

案例1 艾某、徐某妨害信用卡管理案[①]

（一）基本案情

2012年6月起，被告人艾某为牟取非法利益，明知相关人员将非法获取的他人银行卡用于违法行为，仍应相关人员的要求，实施接收、校验、转交银行卡等行为。被告人徐某明知艾某非法持有他人银行卡，仍在艾某的指使下，分两次在广东省东莞市常平镇数家金融机构的ATM机上，将艾某当场交给其的70余张银行卡进行密码修改，获取非法利益600元。同年11月1日，公安人员抓获艾某，当场缴获其非法持有的发卡行为中国银行上海市南京西路第二支行等金融机构的他人银行卡290余张。

（二）法院认定及处理

法院认为，被告人艾某、徐某非法持有他人信用卡，数量巨大，其行为均已构成妨害信用卡管理罪。在共同犯罪中，艾某系主犯，徐某系从犯，对于从犯应当从轻或者减轻处罚；艾某、徐某如实供述自己的罪行，可以从轻处罚。据此，以妨害信用卡管理罪判处被告人艾某有期徒刑5年，并处罚金5万元；判处被告人徐某有期徒刑1年6个月，并处罚金1万元。一审判决后，被告人未提出上诉，公诉机关也未提出抗诉，判决已经发生法律效力。

案例2 赖某某、张某某等妨害信用卡管理案[②]

（一）基本案情

2014年2月起，被告人赖某某、龚某某、李某、张某某、王某某、杜某

---

① 参见上海市嘉定区人民法院（2013）嘉刑初字第413号一审刑事判决书。

② 参见甘肃省高级人民法院（2017）甘刑终30号二审刑事裁定书。

某、张某1等人受他人指使，租赁犯罪窝点，用伪造的《港澳居民来往内地通行证》骗领信用卡，通过互联网搜索国内矿山、房地产等企业信息后，冒充香港联合集团公司、香港九龙仓集团公司等公司工作人员身份，打电话与搜索到的企业联系，谎称有意对这些企业进行投资、收购或合作。骗取对方信任后，赖某某、张某某等人经筛选，将有合作意向的企业资料交给上线，再由上线安排或转交其他同伙实施下一环节诈骗行为，其他同伙将国内企业负责人骗至马来西亚吉隆坡、泰国曼谷等地后，再诱骗其参与事先设计好的赌博骗局，被害人“输”钱后便要求被害人往指定账户汇款支付“赌债”，最后由林某某、叶某某、被告人潘某某等人采取各种方式将赃款变现。诈骗成功后，被告人赖某某等诈骗人员按相应比例瓜分赃款。

（二）法院认定及处理

法院认为，应当根据各被告人的行为性质，分别认定成立诈骗罪、妨害信用卡管理罪、伪造身份证件罪等罪，并处以相应刑罚，扣押财产退赔相关被害人，并责令各被告人就其行为造成的损失继续退赔。此案为集团电信诈骗犯罪，组织严密，层级分明，存在多种诈骗行为类型，有使用虚假身份证件骗领用于接收赃款信用卡的行为、前期接洽行为、虚假考察行为、设赌局诈骗行为、转移赃款行为，对于此案一人实施多种行为的情形，首先判断是否属于诈骗共犯行为，属于诈骗共犯行为且行为本身触犯其他罪名的，依据想象竞合犯处断原则，从重罪处断；因无诈骗共同犯罪故意或者诈骗事实缺乏罪量要素，难以认定诈骗共犯的，依行为本身性质，确定罪名，较为合理地解决了集团犯罪的罪数问题。另外，对于无直接证据证实诈骗故意的，此案适用刑事推定规则，依据被告人行为的欺骗性、活动的隐蔽性、转移住所的经常性以及与其他环节诈骗人员接触的频繁性，推定其具有诈骗故意，较好地解决了被告人主观要件的证明问题。后本案被告人上诉，二审维持原判后生效。

案例3 曾某等伪造金融票证、妨害信用卡管理案①

（一）基本案情

2015年2月23日，被告人曾某伙同杜某（已被判刑）经事先预谋，至金山石化乐购超市使用伪造的信用卡购买烟酒等物品，当日杜某在乐购超市使用伪造的信用卡时被民警抓获，民警查获其随身携带的伪造的信用卡3张。2015年3月26日下午，被告人曾某将自己伪造的1张浦发银行的信用卡，交予被告人曹某、毕某，曹某、毕某明知是伪造的信用卡，仍持卡在家乐福超市刷卡消费，后被收银员发现后报警。公安民警还当场在被告人曾某处扣押空白的visa信用卡23张、空白的银联信用卡25张等，经鉴定，23张空白卡均系伪造的visa信用卡。

（二）法院认定及处理

法院认为，被告人曾某伪造信用卡1张、明知是伪造的信用卡而持有3张、明知是伪造的空白信用卡而持有23张，其行为构成伪造金融票证罪和妨害信用卡管理罪，应予并罚。被告人曹某、毕某明知是伪造的信用卡而持有，其行为构成妨害信用卡管理罪。三名被告人到案后能如实供述自己的罪行，可以从轻处罚。曹某、毕某有悔罪表现，可适用缓刑。据此，以伪造金融票证罪判处被告人曾某判处有期徒刑10个月，并处罚金2万元，以妨害信用卡管理罪判处其有期徒刑1年4个月，并处罚金币2万元，决定执行有期徒刑2年，并处罚金币4万元。以妨害信用卡管理罪分别判处告人曹某有期徒刑7个月，缓刑1年，并处罚金1万元；判处被告人毕某拘役6个月，缓刑6个月，并处罚金1万元。一审宣判后，被告人未提出上诉，公诉机关也未提出抗诉，判决已经发生法律效力。

四、相关问题和法理分析

本罪与相似罪名的界分问题，可以结合本罪的具体行为方式展开讨论。

---

① 参见上海市金山区人民法院（2015）金刑初字第1000号一审刑事判决书。

首先，针对第一种行为方式，即明知是伪造的信用卡而持有、运输的，或者明知是伪造的空白信用卡而持有、运输，数量较大的。如果行为人伪造空白的信用卡后又持有、运输、出售或者提供给他人的，应认定为本罪。行为人伪造信用卡后又持有、运输、出售或者提供给他人的，属于牵连犯，以伪造金融票证罪一罪论处。

其次，针对第二种行为方式，即非法持有他人信用卡，数量较大的。非法持有的认定，通常以获取信用卡的手段违法性为前提。比如，购买他人真实的信用卡后持有该信用卡的，成立本罪。购买他人盗窃所得的信用卡后持有该信用卡的，也成立本罪；同时构成赃物犯罪，属于想象竞合，从一重罪处罚。行为人盗窃信用卡后非法持有的，需要根据具体案情判断。例如，甲从他人轿车内窃取他人的提包后，发现其中有50余张信用卡（属于本罪的数量巨大），但没有其他财物，此后一直持有这些信用卡。对此应考虑以下问题。

（一）如果信用卡本身就是财物，50多张信用卡的工本费共2000余元（达到盗窃罪数额较大的起点），则甲的行为成立盗窃罪（对象为信用卡本身），非法持有信用卡的行为（妨害信用卡管理罪）与盗窃罪采用重罪吸收轻罪的方式从一重罪论处，认定为妨害信用卡管理罪。

（二）如果信用卡本身的价值没有达到较大标准，应直接认定为妨害信用卡管理罪。但是，如果行为人采用入户盗窃、携带凶器盗窃、扒窃行为构成盗窃罪的，则没有“数额较大”的要求，无论金额多少均可成立犯罪。

（三）如果行为人盗窃信用卡后，又将这些信用卡进行使用。那么根据《刑法》第一百九十六条之规定，按照盗窃罪进行处罚。

再次，针对第三种行为方式，即使用虚假的身份证明骗领信用卡的。若存在使用虚假的身份证明骗领信用卡的行为，同时触犯使用虚假身份证件、盗用身份证件罪的，属于想象竞合，从一重罪处罚。如果行为人出于通过假的身份信息骗领信用卡的目的，并且想要使用其进行诈骗，那么则应当构成信用卡诈骗罪与本罪的牵连犯，选择一个重罪对其进行处罚。如果行为人自己利用假的身份信息将所骗领到的信用卡卖出，或者给其他人提供所骗领到的信用卡，那么应该按照妨害信用卡管理罪对其定罪，同时还要遵循从重原则对其进行处罚。

最后，针对第四种行为方式，即出售、购买、为他人提供伪造的信用卡或者以虚假的身份证明骗领的信用卡的。如果存在假借他人身份信息骗领信用卡的行为，并且在骗领后又将信用卡供给他人使用，这同时符合《刑法》中第一百七十七条之一第一款第三项规定和第一百七十七条之一第一款第四项规定，这种情况应该认定为妨害信用卡管理罪，同时还应该遵循从重处理的原则。如果行为人使用假的身份信息这一方式骗领信用卡之后，利用所骗领的信用卡进行诈骗等行为，该行为构成本罪和信用卡诈骗罪的牵连犯，择一重应该定为信用卡诈骗罪对其进行处罚。

第七章　擅自发行股票、公司、企业债券罪

发行股票、公司、企业债券是企业的一种融资手段，其在起到促进社会经济发展作用的同时，也应当受到法律的规制。刑法自 1993 年起即对此类行为进行规制，第八届全国人民代表大会常务委员会第五次会议通过的《公司法》第二百一十条明确规定了擅自发行股票、公司债券的行为构成犯罪的应当追究其刑事责任。而 1995 年第八届全国人民代表大会常务委员会第十二次会议通过的《关于惩治违反公司法的犯罪的决定》第七条则对刑事责任进行了细化规定。1997 年《刑法》第一百七十九条吸收了该决定的内容，并将“企业债券”也增加为犯罪对象。

2022 年 4 月 6 日，全面修订后的《最高人民检察院、公安部关于公安机关管辖的刑事案件立案追诉标准的规定（二）》第二十九条，对原《最高人民检察院、公安部关于公安机关管辖的刑事案件立案追诉标准的规定（二）》第三十四条中的各款都进行了修改。具体表现在：其将“发行数额 50 万元以上改为非法募集资金金额 100 万元以上”；将“虽未达到上述数额标准，但擅自发行致使 30 人以上的投资者购买了股票或者公司、企业债券”改为“造成投资者直接经济损失 50 万元以上”；删除了以“不能及时清偿或者清退”为内容的条款；新增了“以募集的资金全部或者主要用于违法犯罪活动”为内容的条款；并对本条规定的“擅自发行股票或者公司、企业债券”作了具体的规定，与《证券法》相对应。

一、相关法律规定

（一）《刑法》（2023 年修正）

第一百七十九条　未经国家有关主管部门批准，擅自发行股票或者公司、企业债券，数额巨大、后果严重或者有其他严重情节的，处五年以下有期徒

刑或者拘役，并处或者单处非法募集资金金额百分之一以上百分之五以下罚金。

单位犯前款罪的，对单位判处罚金，并对其直接负责的主管人员和其他直接责任人员，处五年以下有期徒刑或者拘役。

（二）《最高人民法院关于审理非法集资刑事案件具体应用法律若干问题的解释》（2022 年 2 月 23 日修正）

第十条　未经国家有关主管部门批准，向社会不特定对象发行、以转让股权等方式变相发行股票或者公司、企业债券，或者向特定对象发行、变相发行股票或者公司、企业债券累计超过 200 人的，应当认定为刑法第一百七十九条规定的“擅自发行股票或者公司、企业债券”。构成犯罪的，以擅自发行股票、公司、企业债券罪定罪处罚。

（三）《最高人民法院、最高人民检察院、公安部、中国证券监督管理委员会关于整治非法证券活动有关问题的通知》（2008 年 1 月 2 日公布）

二、（一）关于公司及其股东向社会公众擅自转让股票行为的性质认定。《证券法》第十条第三款规定：“非公开发行证券，不得采用广告、公开劝诱和变相公开方式。”国办发 99 号文规定：“严禁任何公司股东自行或委托他人以公开方式向社会公众转让股票。向特定对象转让股票，未依法报经证监会核准的，转让后，公司股东累计不得超过 200 人。”公司、公司股东违反上述规定，擅自向社会公众转让股票，应当追究其擅自发行股票的责任。公司与其股东合谋，实施上述行为的，公司与其股东共同承担责任。

（二）关于擅自发行证券的责任追究。未经依法核准，擅自发行证券，涉嫌犯罪的，依照《刑法》第一百七十九条之规定，以擅自发行股票、公司、企业债券罪追究刑事责任。未经依法核准，以发行证券为幌子，实施非法证券活动，涉嫌犯罪的，依照《刑法》第一百七十六条、第一百九十二条等规定，以非法吸收公众存款罪、集资诈骗罪等罪名追究刑事责任。未构成犯罪的，依照《证券法》和有关法律的规定给予行政处罚。

（三）关于非法经营证券业务的责任追究。任何单位和个人经营证券业务，必须经证监会批准。未经批准的，属于非法经营证券业务，应予以取缔；

涉嫌犯罪的，依照《刑法》第二百二十五条之规定，以非法经营罪追究刑事责任。对于中介机构非法代理买卖非上市公司股票，涉嫌犯罪的，应当依照《刑法》第二百二十五条之规定，以非法经营罪追究刑事责任；所代理的非上市公司涉嫌擅自发行股票，构成犯罪的，应当依照《刑法》第一百七十九条之规定，以擅自发行股票罪追究刑事责任。非上市公司和中介机构共谋擅自发行股票，构成犯罪的，以擅自发行股票罪的共犯论处。未构成犯罪的，依照《证券法》和有关法律的规定给予行政处罚。

（四）关于非法证券活动性质的认定。非法证券活动是否涉嫌犯罪，由公安机关、司法机关认定。公安机关、司法机关认为需要有关行政主管机关进行性质认定的，行政主管机关应当出具认定意见。对因案情复杂、意见分歧，需要进行协调的，协调小组应当根据办案部门的要求，组织有关单位进行研究解决。

（五）关于修订后的《证券法》与修订前的《证券法》中针对擅自发行股票和非法经营证券业务规定的衔接。修订后的《证券法》与修订前的《证券法》针对擅自发行股票和非法经营证券业务的规定是一致的，是相互衔接的，因此在修订后的《证券法》实施之前发生的擅自发行股票和非法经营证券业务行为，也应予以追究。

（六）关于非法证券活动受害人的救济途径。根据1998年3月25日《国务院办公厅转发证监会关于清理整顿场外非法股票交易方案的通知》（国办发〔1998〕10号）的规定，最高人民法院于1998年12月4日发布了《关于中止审理、中止执行涉及场外非法股票交易经济纠纷案件的通知》（法〔1998〕145号），目的是为配合国家当时解决STAQ、NET交易系统发生的问题，而非针对目前非法证券活动所产生的纠纷。如果非法证券活动构成犯罪，被害人应当通过公安、司法机关刑事追赃程序追偿；如果非法证券活动仅是一般违法行为而没有构成犯罪，当事人符合民事诉讼法规定的起诉条件的，可以通过民事诉讼程序请求赔偿。

（四）《最高人民检察院、公安部关于公安机关管辖的刑事案件立案追诉标准的规定（二）》（2022年4月6日公布）

第二十九条　〔擅自发行股票、公司、企业债券案（刑法第一百七十九条）〕未经国家有关主管部门批准或者注册，擅自发行股票或者公司、企业债券，涉嫌下列情形之一的，应予立案追诉：

（一）非法募集资金金额在一百万元以上的；

（二）造成投资者直接经济损失数额累计在五十万元以上的；

（三）募集的资金全部或者主要用于违法犯罪活动的；

（四）其他后果严重或者有其他严重情节的情形。

本条规定的“擅自发行股票或者公司、企业债券”，是指向社会不特定对象发行、以转让股权等方式变相发行股票或者公司、企业债券，或者向特定对象发行、变相发行股票或者公司、企业债券累计超过二百人的行为。

二、构成要件

（一）犯罪客体

本罪的犯罪客体是国家对公开发行股票、公司、企业债券的管理秩序。国家对发行股票、公司、企业债券的管理秩序是指国家通过法律、行政法规等确立的股票、公司、企业债券的发行标准。

（二）客观方面

本罪的客观方面表现为未经国家有关主管部门批准，擅自发行股票或者公司、企业债券。所谓“擅自发行”，是指发行股票或公司、企业债券的单位或个人未经国家有关主管部门批准或者注册进行发行，而根据发行的对象不同可分为发行股票和发行公司、企业债券。

关于发行股票的国家主管部门，对于新设立的股份有限公司发行股票的要求，《证券法》第十一条规定，“设立股份有限公司公开发行股票，应当符合《中华人民共和国公司法》规定的条件和经国务院批准的国务院证券监督管理机构规定的其他条件，向国务院证券监督管理机构报送募股申请和下列文件”。对于上市公司发行新股的要求，《证券法》第十二条第二款规定，“上市公司发行新股，应当符合经国务院批准的国务院证券监督管理机构规定的条件，具体管理办法由国务院证券监督管理机构规定”。由此可见，无论是新设立的股份有限公司需要发行股票还是已上市的公司发行新股，都须依法报经国务院批准的国务院证券监督管理机构批准。

关于发行公司、企业债券的国家主管部门，《证券法》第二十一条第一款规定，“国务院证券监督管理机构或者国务院授权的部门依照法定条件负责证券发行申请的注册。证券公开发行注册的具体办法由国务院规定”。据此，公司、企业债券的发行应当由国务院证券监督管理机构或者国务院授权部门进行批准。关于“国务院授权部门”，《企业债券管理条例》第十一条第二款规定，“中央企业发行企业债券，由中国人民银行会同国家计划委员会审批；地方企业发行企业债券，由中国人民银行省、自治区、直辖市、计划单列市分行会同同级计划主管部门审批。”

对于基本犯的认定，本罪中的“擅自发行股票或者公司、企业债券”，根据《最高人民检察院、公安部关于公安机关管辖的刑事案件立案追诉标准的规定（二）》第二十九条的规定，是指向社会不特定对象发行、以转让股权等方式变相发行股票或者公司、企业债券，或者向特定对象发行、变相发行股票或者公司、企业债券累计超过 200 人的行为。所以只要满足以上条件以及“擅自发行”，即未经国家有关主管部门批准或者注册，就可认定为“擅自发行股票或者公司、企业债券”。

此外，关于“数额巨大、后果严重或者有其他严重情节”的界定标准，在《最高人民检察院、公安部关于公安机关管辖的刑事案件立案追诉标准的规定（二）》中也有进行规定，本罪的犯罪情节根据性质不同可分为：数额巨大、后果严重和其他严重情节。

1. 对于数额巨大，《最高人民检察院、公安部关于公安机关管辖的刑事案件立案追诉标准的规定（二）》规定，非法募集资金金额在 100 万元以上的属于“数额较大”。其中“非法募集金额”应当是指通过发行股票、公司、企业债券所募集到的金额，而非股票、债券的面额。

2. 对于后果严重，《最高人民检察院、公安部关于公安机关管辖的刑事案件立案追诉标准的规定（二）》规定，造成投资者直接经济损失数额累计在 50 万元以上的属于“情节严重”。在此情况下，虽然募集金额可能未达到数额巨大的标准，但该擅自发行债券的行为造成了投资者的重大经济损失，影响投资者的财产安全。

3. 对于其他严重情节，《最高人民检察院、公安部关于公安机关管辖的刑事案件立案追诉标准的规定（二）》规定，募集的资金全部或者主要用于违法犯罪活动的或其他后果严重或者有其他严重情节的情形属于“其他严重情节”。该规定中以募集资金全部或者主要用于违法犯罪活动为例，这类情节虽然可能不会直接对投资者的财产安全造成重大危害，但是通常会间接造成恶劣的社会影响，危害社会公共秩序，所以应当将这些情节认定为其他严重情节。

（三）犯罪主体

本罪的犯罪主体是达到刑事责任年龄并且具有刑事责任能力的自然人和单位。从法条来看，《刑法》第一百七十九条第一款中并未对本罪的犯罪主体进行特别规定，第二款中也只是对单位犯本罪的情形进行了相应的处罚规定，即既对单位判处罚金，又对直接负责的主管人员和其他直接责任人员判处相应刑罚。从实际情况来看，即使单位或个人没有发行股票、公司、企业债券的资格，也不影响单位或个人的擅自发行行为。由此可见，本罪的主体为一般主体。

（四）主观方面

本罪的主观方面只能是故意，并且不要求有特定目的。因为行为人只要实施了“擅自发行”的行为，并且造成“数额巨大、后果严重或者有其他严重情节”的，均可构成本罪，而不以行为人为获取经济利益等特定目的为成立条件。此外，本罪的主观故意体现在明知发行的股票、公司、企业债券未经国家有关部门批准，仍积极或放任发行结果的发生。该主观方面也需要和“欺诈”的主观故意作出区别：本罪中的主观故意表现为“擅自”，即明知不可为而强行为，在发行的程序中直接跳过了有关部门批准的流程；而“欺诈”更多地理解为在发行的过程中没有得到有关部门的批准，但是利用虚假错误的信息使自己发行的公司企业股票债券变得“合法化”。

本罪在主观方面不存在过失。《刑法》第十五条第二款规定，过失犯罪，法律有规定的才负刑事责任。而本罪中并未对过失犯罪进行明文规定。有必要强调的是，虽然在本罪场合，行为人的故意往往表现为（擅自发行）行为上的故意，但是刑法上的故意，主要是针对危害后果而言的，不是针对这行为本身而言的。因此在主观不法要素上，本罪行为人不仅须明知其发行股票、公司债券需经国务院证券管理部门批准而故意地未予报批，或者明知申报以后未经批准就擅自发行公司债券或股票；而且必须是明知其擅自发行股票、债券有害于社会而仍然为之，方能构成本罪的故意。

三、典型案例

案例 1　江苏某船舶配件有限公司等擅自发行股票、公司、企业债券案①

（一）基本案情

2015 年 6 月，被告单位江苏某船舶配件有限责任公司（以下简称某公司）法定代表人兼总经理被告人张某某决定通过委托中介机构对外公开出售公司股权等方式非法募集资金。2015 年 7 月至 2016 年 7 月间，某公司未经国家有关主管部门批准，以即将在全国中小企业股份转让系统挂牌，投资人可获取高额回报为由，采用电话推销、口口相传等手段，公开招揽 131 名投资人合计出资人民币 1.48 亿余元（以下所涉币种相同）购买某公司股权。2018 年 1 月 19 日，被告人张某某经电话通知到案，并如实交代了上述犯罪事实。被告单位某公司成立于 2009 年 4 月，经数次工商变更后，于 2015 年 6 月变更为有限责任公司，注册资本 3.4 亿元，股东为张某某及钱某实际控制的江苏 A 有限公司和江苏 B 有限公司。张某某担任某公司法定代表人兼总经理，并实际控制该公司。

2015 年 6 月至 2017 年间，被告单位某公司先后委托多家证券公司、律师事务所等单位筹备在全国中小企业股份转让系统挂牌的申请事宜，但均未成功。同期，因该公司经营困难、资金短缺，被告人张某某决定在未经国家有关主管部门批准的情况下，通过对外公开出售公司股权的方式筹集资金。为此，张某某隐瞒某公司连年亏损的事实，以某公司即将在全国中小企业股份转让系统挂牌、投资人可获取高额回报、许诺两年内挂牌无果就全额回购并支付高额利息等为由，通过自行招揽或者委托上海××管理中心（有限合

① 参见上海市第一中级人民法院（2019）沪 01 刑初 40 号一审刑事判决书。

伙）、上海 C 有限公司、Z 公司、上海 D 有限公司、上海 E 有限公司、上海 F 有限公司（以下分别简称为××中心、C 公司、Z 公司、D 公司、E 公司、F 公司）等中介机构采用电话推销、口口相传等手段，向 131 名投资人转让某公司股权，共计获得 1.48 亿余元。

2018 年 1 月 19 日，被告人张某某经公安机关电话通知后到案，如实供述了上述犯罪事实。案发后，某公司分别退还投资人阎某 10 万元、陈某 10 万元、周某 30 万元、翁某 2 万元、徐某 3 万元、顾某 210 万元、张某 38 万元、张某 4100 万元、姚某 100 万元，还将 3,423,489.6 元债权转让给投资人许某。

（二）法院认定及处理

法院认为，被告单位某公司犯擅自发行股票罪，判处罚金人民币 450 万元。被告人张某某犯擅自发行股票罪，判处有期徒刑 4 年。向被告单位某公司、被告人张某某追缴违法所得，不足部分责令退赔，所得款项发还投资人。一审宣判后，在法定期限内，被告人未提出上诉，公诉机关亦未提出抗诉，判决发生法律效力。

案例 2 张某某擅自发行股票、公司、企业债券案①

（一）基本案情

被告人张某某于 2009 年 12 月，伙同刘某某、任某（均另案处理）等人合谋，未经批准擅自将所谓的中国人参控股有限公司增发 1000 万股公开发售。被告人张某某负责组织销售团队，并签订了《副总经理聘用及承包合同书》。

2010 年 1 月至 2011 年 12 月间，被告人张某某在长春市南关区解放大路中吉大厦 16 楼未经证监会批准，以公司计划在美国纳斯达克 PK 板块升至 OTCBB 板块上市，购买公司原始股票上市后可以获得高额回报为名，由张某某召集、组成的以迟某某、熊某某、胡某某、崔某某等人为骨干的销售团队，

① 参见吉林省长春市南关区人民法院（2019）吉 0102 刑初 464 号一审刑事判决书。

通过电话联系、“口口相传”等方式联系投资者，吸引投资者购买该公司发行的股票。同时，张某某在长春市紫金花、华天、吉祥酒店及沈阳、延吉等地，举办多场股票推介会，介绍、洽谈增发股票业务，并采取播放宣传片夸大收益及发放宣传手册等公开、变相公开方式向社会不特定对象以每股 3.6 元的股价出售公司股票。投资者通过银行转账、缴纳现金等方式支付购买股票款项后，与中国人参控股有限公司签订《购买股票协议书》《股权确认书》，作为投资者认购、持有公司股票的证明。其间，张某某共向查某、牟某某等 224 名投资者发行股票 990 万股，收取投资者股本金人民币 2935.26 万元。其中，查某、陈某等 130 名投资者为不特定对象，共购买股票 628 万股，总金额 2267.47 万元，所得赃款均被张某某挥霍。

（二）法院认定及处理

法院认为，被告人张某某伙同他人，未经中国证监会批准，擅自公开发行股票，发行数额巨大，其行为已构成擅自发行股票罪，应依法惩处。公诉机关指控被告人张某某犯擅自发行股票罪的事实清楚，证据确实、充分，罪名成立，应予支持。鉴于被告人到案后如实供述犯罪事实，属坦白，可依法从轻处罚。关于被告人张某某对犯罪金额提出异议及被告人的辩护人认为本案属于单位犯罪，案中不特定对象及涉及的股票数、金额中，部分应予纠正的辩解及辩护意见，经查，被告人张某某伙同刘某某、任某（均另案处理）等人合谋，未经批准，擅自将所谓的中国人参控股有限公司增发 1000 万股公开发售，应属被告人张某某个人犯罪行为，其辩护人提出属单位犯罪无事实依据，不予采纳。关于犯罪数额，依现有证据，可以认定涉案的股票数、金额为不特定对象。被告人的辩护人的此辩护意见，不予采纳。

法院最终判决如下：被告人张某某犯擅自发行股票罪，判处有期徒刑 4 年，并处罚金人民币 100 万元。一审宣判后，在法定期限内，被告人未提出上诉，公诉机关亦未提出抗诉，判决发生法律效力。

案例3 唐某某擅自发行股票、公司、企业债券案①

（一）基本案情

2011年3月，被告人唐某某在太原市万柏林区千峰南路1号国际能源中心2702室设立“美国枫叶联盟公司（MAL公司）办事处”，推销“MAL公司无记名债券”，被告人唐某某担任负责人，于某某（已判刑）负责接待投资人、收取投资款并开具收据、转款等日常工作。

2011年3月至7月，被告人唐某某同于某某在未经国家有关主管部门批准的情况下，通过组织听课等途径推销“MAL公司无记名债券”，宣称该无记名债券一份6000美元，期限52周，每周返还2%的利息，债券到期以后，客户的本金可以转换成MAL公司或者子公司中已经上市的公司股票，另根据认购本金返还2~4倍的股票，股票上市以后可以流通变现，以此向牛某某等27名投资人进行非法集资，集资数额人民币100余万元。2012年2月该办事处关闭。2012年5月29日，被告人唐某某电话通知于某某，要求于某某通知上述27名投资人到太星酒店630房间找戴某某（新加坡籍）、陈某某（马来西亚籍）办理“股票对接手续”。2012年5月29日至30日，魏某某等26名投资人在每人向戴某某、陈某某交纳“手续费”1000元后办理了“股票对接手续”。

（二）法院认定及处理

法院认为，被告人唐某某未经国家有关部门批准，擅自发行股票、公司债券，数额巨大，其行为已构成擅自发行股票、公司债券罪。公诉机关指控的罪名成立。被告人唐某某当庭自愿认罪，如实供述主要的犯罪事实，可以从轻处罚；被告人唐某某曾因故意犯罪被判处有期徒刑，刑罚执行完毕后5年内又犯应当判处有期徒刑以上刑罚之罪，系累犯，应当从重处罚。

法院最终判决如下：被告人唐某某犯擅自发行股票、公司债券罪，判处有期徒刑1年6个月，并处罚金人民币5万元。一审宣判后，在法定期限内，

① 参见山西省太原市万柏林区人民法院（2021）晋0109刑初96号一审刑事判决书。

被告人未提出上诉，公诉机关亦未提出抗诉，判决发生法律效力。

四、相关问题与法理分析

（一）本罪与集资诈骗罪的关系

由于在实务中，行为人往往采用非法发行股票、债券的方法进行假集资、真诈骗，所以集资诈骗罪与本罪的区分问题成为司法适用中亟须解决的问题。二者的主要区别在于以下两个方面。

其一，主观犯意和目的不同。擅自发行股票、公司、企业债券罪的行为人有可能通过虚构事实和隐瞒真相的方法进行集资，但是其目的仍在于集资；而集资诈骗罪的行为人则是以集资的方法进行诈骗，其目的在于非法占有集资款。这是区分二罪的本质点。因而擅自发行股票、公司、企业债券罪的行为人虽有非法发行或非法牟利的目的，却没有纯粹"非法占有"集资款的目的。其关键点在于该罪处罚的是非法发行股票、公司企业债券的行为本身，而没有着重关注非法牟利的主观目的。集资诈骗罪行为人的主观目的绝非仅止于非法牟利，而是非法占有。因而，假如行为人以非法手段发行股票、债券后，就进行全部非法占有，从未打算偿还其"股本、股息"（即便是假股票、假债券），则应认定为集资诈骗罪而非擅自发行股票、公司企业债券罪。

其二，犯罪数额要求不同。擅自发行股票、公司、企业债券罪要求擅自发行公司股票、债券达到数额巨大或后果严重或有其他严重情节，方能构成刑事犯罪，否则应属行政违法行为。集资诈骗罪则不然，只要为了非法占有而非法集资达到数额较大，即成立该罪，应根据该罪的量刑规定给予刑事处分。而若集资诈骗者诈骗数额达到巨大的程度，则属于刑法上对该罪所规定的数额加重犯情形，并结合相应的犯罪情节进行处罚。

（二）本罪与欺诈发行股票债券罪的关系

两罪的联系点在于，二者的行为人都有诈欺认购人的主观故意；所发行的股票、公司、企业债券都有虚假性。主要区别点在于以下 5 个方面。

其一，犯罪主体要求不同。擅自发行股票、公司、企业债券罪在刑法上并非身份犯，一般的自然人和单位都能作为本罪主体；而欺诈发行股票罪在单位犯罪的场合属身份犯：其行为主体只能是有资格发行股票、公司债券的特定主体。

其二，行为要件不同。擅自发行股票、公司、企业债券罪的行为人所实施的是未经法定机构批准而发行股票、公司债券的行为；而欺诈发行股票债券罪的行为人所实施的则是制作虚假的招股说明书、认股书或公司债券募集办法等行为。

其三，犯罪对象不同。擅自发行股票、公司、企业债券罪的行为对象是股票、公司、企业债券；而欺诈发行股票债券罪的行为对象则是招股说明书、认股书和公告的公司债券募集办法等。

其四，诈欺对象范围不同。擅自发行股票、公司、企业债券罪行为人所诈欺的对象既包括国家证券发行管理机关又包括社会公众；欺诈发行股票债券罪的诈欺对象主要是广大认购股票、公司、企业债券的社会公众或国家授权投资的机构。

其五，犯罪所侵犯的二级同类客体不同。擅自发行股票、公司、企业债券罪所侵犯的二级同类客体是国家的金融管理秩序，欺诈发行股票债券罪所侵犯的二级同类客体的是公司、企业的管理秩序。

第八章　内幕交易、泄露内幕信息罪

内幕交易、泄露内幕信息罪是围绕内幕信息设置的罪名，该罪的实质是处罚内幕知情人利用内幕信息转变为公开信息的时间差，利用内幕信息牟取暴利的行为。在金融市场上，原则上所有投资者都应基于平等的地位和均等的机会获得信息并参与证券、期货交易，而内幕交易、泄露内幕信息的行为则违背了证券、期货市场公正、公平、公开的原则，破坏了证券、期货市场的正常运行秩序，侵犯了其他投资者的合法权益，对资本市场稳定健康发展极具危害性。因此，设立内幕交易、泄露内幕信息罪，有利于维护证券、期货市场的正常管理秩序及证券、期货投资人的合法利益。

在 1997 年《刑法》出台之前，我国法律只是采用民事侵权和行政处罚的手段对内幕交易和泄露内幕信息的行为进行惩处。1997 年《刑法》虽明确规定了本罪，但是仅对证券市场的内幕交易和泄露内幕信息相关行为进行规制，直到 1999 年的《刑法修正案》将本罪的适用范围扩大到期货市场，才廓清了该罪的打击范围。2009 年的《刑法修正案（七）》则对本罪增加了新的行为方式，即“明示、暗示他人从事上述交易活动，情节严重”的行为，其同样构成内幕交易、泄露内幕信息罪。

一、相关法律规定

（一）《刑法》（2023 年修正）

第一百八十条　证券、期货交易内幕信息的知情人员或者非法获取证券、期货交易内幕信息的人员，在涉及证券的发行，证券、期货交易或者其他对证券、期货交易价格有重大影响的信息尚未公开前，买入或者卖出该证券，或者从事与该内幕信息有关的期货交易，或者泄露该信息，或者明示、暗示他人从事上述交易活动，情节严重的，处五年以下有期徒刑或者拘役，并处或者单处违法所得一倍以上五倍以下罚金；情节特别严重的，处五年以上十年以下有期徒刑，并处违法所得一倍以上五倍以下罚金。

单位犯前款罪的，对单位判处罚金，并对其直接负责的主管人员和其他直接责任人员，处五年以下有期徒刑或者拘役。

内幕信息、知情人员的范围，依照法律、行政法规的规定确定。

（二）《最高人民法院、最高人民检察院关于办理内幕交易、泄露内幕信息刑事案件具体应用法律若干问题的解释》（2012 年 2 月 27 日公布）

为维护证券、期货市场管理秩序，依法惩治证券、期货犯罪，根据刑法有关规定，现就办理内幕交易、泄露内幕信息刑事案件具体应用法律的若干问题解释如下：

第一条　下列人员应当认定为刑法第一百八十条第一款规定的“证券、期货交易内幕信息的知情人员”：

（一）证券法第七十四条规定的人员；

（二）期货交易管理条例第八十五条第十二项规定的人员。

第二条　具有下列行为的人员应当认定为刑法第一百八十条第一款规定的“非法获取证券、期货交易内幕信息的人员”：

（一）利用窃取、骗取、套取、窃听、利诱、刺探或者私下交易等手段获取内幕信息的；

（二）内幕信息知情人员的近亲属或者其他与内幕信息知情人员关系密切的人员，在内幕信息敏感期内，从事或者明示、暗示他人从事，或者泄露内幕信息导致他人从事与该内幕信息有关的证券、期货交易，相关交易行为明显异常，且无正当理由或者正当信息来源的；

（三）在内幕信息敏感期内，与内幕信息知情人员联络、接触，从事或者明示、暗示他人从事，或者泄露内幕信息导致他人从事与该内幕信息有关的证券、期货交易，相关交易行为明显异常，且无正当理由或者正当信息来源的。

第三条　本解释第二条第二项、第三项规定的“相关交易行为明显异常”，要综合以下情形，从时间吻合程度、交易背离程度和利益关联程度等方面予以认定：

（一）开户、销户、激活资金账户或者指定交易（托管）、撤销指定交易（转托管）的时间与该内幕信息形成、变化、公开时间基本一致的；

（二）资金变化与该内幕信息形成、变化、公开时间基本一致的；

（三）买入或者卖出与内幕信息有关的证券、期货合约时间与内幕信息的形成、变化和公开时间基本一致的；

（四）买入或者卖出与内幕信息有关的证券、期货合约时间与获悉内幕信息的时间基本一致的；

（五）买入或者卖出证券、期货合约行为明显与平时交易习惯不同的；

（六）买入或者卖出证券、期货合约行为，或者集中持有证券、期货合约行为与该证券、期货公开信息反映的基本面明显背离的；

（七）账户交易资金进出与该内幕信息知情人员或者非法获取人员有关联或者利害关系的；

（八）其他交易行为明显异常情形。

第四条　具有下列情形之一的，不属于刑法第一百八十条第一款规定的从事与内幕信息有关的证券、期货交易：

（一）持有或者通过协议、其他安排与他人共同持有上市公司百分之五以上股份的自然人、法人或者其他组织收购该上市公司股份的；

（二）按照事先订立的书面合同、指令、计划从事相关证券、期货交易的；

（三）依据已被他人披露的信息而交易的；

（四）交易具有其他正当理由或者正当信息来源的。

第五条　本解释所称“内幕信息敏感期”是指内幕信息自形成至公开的期间。

证券法第六十七条第二款所列“重大事件”的发生时间，第七十五条规定的“计划”、“方案”以及期货交易管理条例第八十五条第十一项规定的“政策”、“决定”等的形成时间，应当认定为内幕信息的形成之时。

影响内幕信息形成的动议、筹划、决策或者执行人员，其动议、筹划、决策或者执行初始时间，应当认定为内幕信息的形成之时。

内幕信息的公开，是指内幕信息在国务院证券、期货监督管理机构指定的报刊、网站等媒体披露。

第六条　在内幕信息敏感期内从事或者明示、暗示他人从事或者泄露内幕信息导致他人从事与该内幕信息有关的证券、期货交易，具有下列情形之一的，应当认定为刑法第一百八十条第一款规定的“情节严重”：

（一）证券交易成交额在五十万元以上的；

（二）期货交易占用保证金数额在三十万元以上的；

（三）获利或者避免损失数额在十五万元以上的；

（四）三次以上的；

（五）具有其他严重情节的。

第七条　在内幕信息敏感期内从事或者明示、暗示他人从事或者泄露内幕信息导致他人从事与该内幕信息有关的证券、期货交易，具有下列情形之一的，应当认定为刑法第一百八十条第一款规定的“情节特别严重”：

（一）证券交易成交额在二百五十万元以上的；

（二）期货交易占用保证金数额在一百五十万元以上的；

（三）获利或者避免损失数额在七十五万元以上的；

（四）具有其他特别严重情节的。

第八条　二次以上实施内幕交易或者泄露内幕信息行为，未经行政处理或者刑事处理的，应当对相关交易数额依法累计计算。

第九条　同一案件中，成交额、占用保证金额、获利或者避免损失额分别构成情节严重、情节特别严重的，按照处罚较重的数额定罪处罚。

构成共同犯罪的，按照共同犯罪行为人的成交总额、占用保证金总额、获利或者避免损失总额定罪处罚，但判处各被告人罚金的总额应掌握在获利或者避免损失总额的一倍以上五倍以下。

第十条　刑法第一百八十条第一款规定的“违法所得”，是指通过内幕交易行为所获利益或者避免的损失。

内幕信息的泄露人员或者内幕交易的明示、暗示人员未实际从事内幕交易的，其罚金数额按照因泄露而获悉内幕信息人员或者被明示、暗示人员从事内幕交易的违法所得计算。

第十一条　单位实施刑法第一百八十条第一款规定的行为，具有本解释第六条规定情形之一的，按照刑法第一百八十条第二款的规定定罪处罚。

（三）《最高人民检察院、公安部关于公安机关管辖的刑事案件立案追诉标准的规定（二）》（2022 年 4 月 6 日公布）

第三十条　〔内幕交易、泄露内幕信息案（刑法第一百八十条第一款）〕证券、期货交易内幕信息的知情人员、单位或者非法获取证券、期货交易内幕信息的人员、单位，在涉及证券的发行，证券、期货交易或者其他对证券、期货交易价格有重大影响的信息尚未公开前，买入或者卖出该证券，或者从事与该内幕信息有关的期货交易，或者泄露该信息，或者明示、暗示他人从事上述交易活动，涉嫌下列情形之一的，应予立案追诉：

（一）获利或者避免损失数额在五十万元以上的；

（二）证券交易成交额在二百万元以上的；

（三）期货交易占用保证金数额在一百万元以上的；

（四）二年内三次以上实施内幕交易、泄露内幕信息行为的；

（五）明示、暗示三人以上从事与内幕信息相关的证券、期货交易活动的；

（六）具有其他严重情节的。

内幕交易获利或者避免损失数额在二十五万元以上，或者证券交易成交额在一百万元以上，或者期货交易占用保证金数额在五十万元以上，同时涉嫌下列情形之一的，应予立案追诉：

（一）证券法规定的证券交易内幕信息的知情人实施或者与他人共同实施内幕交易行为的；

（二）以出售或者变相出售内幕信息等方式，明示、暗示他人从事与该内幕信息相关的交易活动的；

（三）因证券、期货犯罪行为受过刑事追究的；

（四）二年内因证券、期货违法行为受过行政处罚的；

（五）造成其他严重后果的。

二、构成要件

（一）犯罪客体

本罪的犯罪客体是证券、期货市场的正常管理秩序和证券、期货投资人的合法利益。

（二）客观方面

首先，本罪的犯罪对象为内幕信息。根据《刑法》第一百八十条第一款第三项之规定，本罪中关于内幕信息的范围，依照法律、行政法规的规定确定。可见，本罪中的内幕信息应当结合前置法进行认定。《证券法》对内幕信息的定义为："证券交易活动中，涉及公司的经营、财务或者对该公司证券的市场价格有重大影响的尚未公开的信息。"简言之，就是会影响股票价格而又未公开的信息。内幕信息具有两个特征：重大性和非公开性。

重大性一般以信息对股票价格的显著影响力作为判断标准，即在通常情况下，该信息一旦公开，是否导致公司证券的交易价格在一段时期内与市场指数或相关分类指数发生显著偏离，或者致使大盘指数发生显著波动。《证券法》和《证券市场内幕交易行为认定指引（试行）》列举了部分此类消息，主要包括涉及公司经营方针和经营范围的重大变化、重大投资行为、公司高管人员的变动等方面的消息。

非公开性涉及价格敏感期间的计算。价格敏感期从内幕信息开始形成之日起至内幕信息公开或者该信息对证券的交易价格不再有显著影响时止。该期间的确定直接关系内幕交易的认定，因为只有在该期间内利用内幕信息进行的交易才能构成内幕交易。此期间外的行为，在目前的法律法规中并不构成内幕交易行为。从现在的实践来看，敏感期间终结的时点较为容易认定，即依照信息披露的相关法律法规进行披露之时，内幕信息则丧失非公开性。具体而言，若内幕信息在中国证监会指定的报刊、网站等媒体披露，或者被一般投资者能够接触到的全国性报刊、网站等媒体披露，或者被一般投资者广泛知悉或理解，则内幕信息丧失非公开性。

如同人一样，信息也有一个孕育的过程。信息形成的时点直接关系价格敏感期的起点，就像何时胎儿成为法律上认可的自然人直接关系胎儿可能享有的法律权益一样。不过，信息的形成时点直至今日，依然未能找到一个类似胎儿呱呱落地一样明确的时点，法律法规中对此也没有一个明确的规定。实践中依据的标准是信息是否已经确定，如董事会是否做出过相关决议，公司或控股股东是否与第三方签订意向书等。需要结合不同案件的情况进行具体认定。

其次，认定本罪的落脚点依然在行为上。内幕人即便知悉内幕信息，只有实施了一定的行为，才能构成内幕交易。这些行为包括在内幕信息的价格敏感期内买卖相关证券，或者建议他人买卖相关证券，或者泄露该信息。也就是说内幕交易行为包括三种类型：买卖、建议买卖、泄露。

买卖证券包括以本人名义，直接或委托他人买卖证券，或者以他人名义买卖证券，或者为他人买卖证券。其中，以他人名义买卖证券较难认定，目前采用的标准是以资金来源和收益所得进行认定，即紧盯资金的来源与去向。若提供证券或资金给他人购买证券，且该他人所持有证券之利益或损失，全部或部分归属于本人，或对他人所持有的证券具有管理、使用和处分的权益，则属于以他人名义进行的买卖行为。

建议买卖是指向他人提出买卖相关证券的建议。建议方应为内幕人，被建议方应为非内幕人。行为方面，建议方并不是直接将内幕信息提供给他人，而是基于其掌握的内幕信息，建议他人从事证券交易。建议方起到鼓励、推动和指导的作用。

泄露包括以明示或暗示方式向他人泄露内幕信息。《刑法》中有关内幕交易行为的罪名包括两个：内幕交易罪和泄露内幕信息罪。因此，内幕交易行为的前两种类型和第三种类型在《刑法》中分属不同的罪名，有着不同的后果。不过，两个罪名同属《刑法》第一百八十条规定的罪名，刑罚也相同。值得注意的是，不管内幕人本身是否从事了买卖证券的行为，若其知晓该信息为内幕信息，则一旦泄露内幕信息，无论其是否获益，泄露这一行为本身就构成了内幕交易行为。

（三）犯罪主体

本罪的犯罪主体包括自然人和单位。从范围上看，本罪的犯罪主体具有一定的特定性。只有属于法律法规规定的内幕人范围的人员，才可能触犯内幕交易这根“高压线”。依据《刑法》的规定，内幕人包括两类：知情人和非法获取内幕信息的人。

非法获取内幕信息的人，从定义上比较容易认定，即利用非法手段，包括骗取、套取、偷听、监听或者私下交易等方式获取内幕信息的人。此类通过非法手段获取内幕信息的人，没有一个特定的范围，可以是任何一个人。知情人则不同于非法获取内幕信息的人，其获得内幕信息的途径是合法的，往往是基于职务、亲属关系等得以接触内幕信息。因此，知情人有一个固定的范围。对此，《刑法》援引了《证券法》的规定，可以将知情人大致分为三种：第一种是与证券发行公司相关的内部人员，包括董事、监事和持股5%以上的股东；第二种是对公司发行、交易证券负有监管义务的人员；第三种是在公司的证券发行、交易过程中提供特定服务的人员。

此外，法律还对知情人作了进一步区分。区分的目的是合理分配举证责任。"谁主张，谁举证"是法律的一般原则，不过，在某些情况下，考虑到获取证据的难易程度，法律会进行一定的变通，实行举证责任倒置，即法律首先推定有一定的事实，除非当事人提出相反的证据。具体到知情人的认定，为了更好地打击内幕交易行为，同时保护属于知情人范围内的人员的合法权益，法律法规根据知情人与内幕信息接触的密切程度，规定了法定知情人、推定知情人以及其他知情人。对于法定知情人和推定知情人，执法、司法机关只需证明其在价格敏感期内有内幕交易行为，就可认定构成内幕交易，除非行为人有足够证据证明自己不知悉有关内幕信息。非法定和推定的其他知情人，执法、司法机关应采用与非法获取内幕信息人员一样的做法，除了证明行为人在价格敏感期内有内幕交易行为外，还需证明行为人是否知悉内幕信息。法定知情人与推定知情人在行为认定中并不存在差别，仅有的差别在于法定知情人为《证券法》规定的范围，而推定知情人为证监会依据《证券法》授权，在《证券市场内幕交易行为认定指引（试行）》中规定的范围。

（四）主观方面

本罪的主观方面只能是故意，即行为人明知涉及证券的发行，证券、期货交易或者其他对证券、期货交易价格有重大影响的信息尚未公开而仍然实施本罪行为。

三、典型案例

案例1　黄某某内幕交易、泄露内幕信息案[①]

（一）基本案情

2007年4月，中关村上市公司拟与鹏泰公司进行资产置换，黄某某参与了该项重大资产置换的运作和决策。在该信息公告前，黄某某决定并指令他人借用龙某等人的身份证，开立个人股票账户并由其直接控制。2007年4月27日至6月27日间，黄某某累计购入中关村股票976万余股，成交额共计人民币（以下币种均为人民币）9310万余元，账面收益348万余元。

2007年7、8月，中关村上市公司拟收购鹏润控股公司全部股权并进行重组。在该信息公告前，黄某某指使他人以曹某某等79人的身份证开立相关个人股票账户，并安排被告人杜某协助管理以上股票账户。2007年8月13日至9月28日间，黄某某指使杜某等人使用上述账户累计购入中关村股票1.04亿余股，成交额共计13.22亿余元，账面收益3.06亿余元。

其间，被告人许某某明知黄某某利用上述内幕信息进行中关村股票交易，仍接受黄某某的指令，指使许某某在广东借用他人身份证开立个人股票账户或直接借用他人股票账户，于同年8月13日至9月28日间，累计购入中关村股票3166万余股，成交额共计4.14亿余元，账面收益9021万余元。

被告人许某某还将中关村上市公司拟重组的内幕信息故意泄露给其妻李某某及相某某等人。2007年9月21～25日，李某某买入中关村股票12万余股，成交额共计181万余元。

（二）法院认定及处理

法院认为，被告人黄某某等人作为证券交易内幕信息的知情人员，在涉及对证券交易价格有重大影响的信息尚未公开前，买入该证券，内幕交易成交额及账面收益均特别巨大，情节特别严重，黄某某与被告人杜某、许某某

① 参见北京市第二中级人民法院（2010）二中刑初字第689号一审刑事判决书。

构成内幕交易罪的共同犯罪，许某某向他人泄露内幕信息，还构成泄露内幕信息罪，其中黄某某系主犯，杜某、许某某系从犯。据此，人民法院根据被告人黄某某、杜某、许某某犯罪的事实，犯罪的性质、情节及对社会的危害程度，以被告人黄某某犯非法经营罪，判处有期徒刑8年，并处没收个人部分财产2亿元；犯内幕交易罪，判处有期徒刑9年，并处罚金6亿元；犯单位行贿罪，判处有期徒刑2年，决定执行有期徒刑14年，并处罚金6亿元，没收个人部分财产2亿元。以被告人杜某犯内幕交易罪，判处有期徒刑3年6个月，并处罚金2亿元。以被告人许某某犯内幕交易、泄露内幕信息罪，判处有期徒刑3年，并处罚金1亿元；犯单位行贿罪，判处有期徒刑1年，决定执行有期徒刑3年，并处罚金1亿元。一审宣判后，被告人提出上诉，二审驳回上诉，维持原判。

案例2 杜某某内幕交易、泄露内幕信息案①

（一）基本案情

2009年3月23日，杜某某与中电集团财务部主任张某某到下属的十四所等单位考察。十四所所长罗某、十四所副总经济师鲍某某向杜、张二人汇报了十四所准备收购南京地区股份制企业借壳上市的内容。3月29日，杜某某回到北京后，根据罗、鲍等人汇报的借壳公司的概况，通过互联网检索，得出唯一符合借壳条件的公司是高淳陶瓷。3月31日，杜某某陪同中电集团领导参加十四所搬迁仪式期间，南京市政府领导就十四所收购重组事宜出面协调，使其确信十四所拟借壳公司为高淳陶瓷公司。次日回到北京后，杜某某将十四所欲重组高淳陶瓷公司的信息告知其妻刘某某，双方均同意购买高淳陶瓷股票。4月2日，杜某某通过其个人账户买入21,000股高淳陶瓷股票，后逐步将个人账户中的资金分别转入其所操控的亲属的股票交易账户。2009年4月2~20日，杜某某单独操作买入高淳陶瓷股票累计223,000股，交易金额1,542,185.52元，获利2,470,351.38元；杜某某、刘某某共同操作买入高

① 参见江苏省无锡市中级人民法院（2011）锡刑二初字第0002号一审刑事判决书。

淳陶瓷股票累计137,100股，交易金额966,946.91元，获利1,739,692.46元。

刘某某获悉信息后，还将高淳陶瓷公司计划重组的信息泄露给赵某某等人（均另案处理），赵某某等人先后买入高淳陶瓷股票累计784,641股，获利12,019,744.91元。

（二）法院认定及处理

法院认为，被告人杜某某因履行工作职责获取了内幕信息，系内幕信息知情人员；被告人刘某某从其配偶处获悉内幕信息，系非法获取内幕信息人员。在内幕信息尚未公开前，杜某某、刘某某从事与该内幕信息有关的股票交易，且成交金额与获利数额均为巨大，二被告人构成内幕交易的共同犯罪。刘某某还将内幕信息泄露给他人，导致他人从事与该内幕信息有关的股票交易，且情节严重，还构成泄露内幕信息罪。杜某某在内幕交易共同犯罪中起主要作用，是主犯；刘某某起次要作用，是从犯，依法应当减轻处罚。鉴于杜某某、刘某某在案发后已退缴全部赃款，均可酌情从轻处罚。据此，人民法院以被告人杜某某犯内幕交易罪，判处有期徒刑6年，并处罚金425万元；以被告人刘某某犯内幕交易、泄露内幕信息罪判处有期徒刑3年，并处罚金425万元。一审宣判后，在法定期限内，被告人未提出上诉，公诉机关亦未提出抗诉，判决发生法律效力。

案例3　顾某某内幕交易、泄露内幕信息案①

（一）基本案情

2015年12月28~29日，北京慧聪国际资讯有限公司（以下简称慧聪网）的法定代表人郭某（另案处理）与上海钢联电子商务股份有限公司（以下简称上海钢联）董事长朱某某就上海钢联收购北京知行锐景科技有限公司（以下简称知行锐景）有关“中关村在线”网站优质资产进行商议并达成初步意向，后又进行了多次磋商。2016年2月25日，上海钢联发布重大事项停牌公

---

①　参见上海市第二中级人民法院（2018）沪02刑初28号一审刑事判决书。

告。同年4月27日，上海钢联发布公告，拟通过发行股份及支付现金方式购买知行锐景100%股权。郭某作为上述内幕信息的知情人员，于2015年底至2016年1月初，将“上海钢联拟收购慧聪网优质资产”等内幕信息泄露给被告人顾某某。2016年1~2月，顾某某通过潘某某的证券账户买入上海钢联股票18余万股，成交金额766万余元，股票卖出后非法获利126万余元。

（二）法院认定及处理

法院认为，被告人顾某某作为非法获取证券交易内幕信息的人员，其行为构成内幕交易罪，且情节特别严重，应依法惩处。考虑顾某某在检察机关提起公诉前能如实供述其主要犯罪事实，自愿认罪认罚，并退缴违法所得，依法可以从宽处罚。据此，依法以内幕交易罪判处被告人顾某某有期徒刑5年，并处罚金人民币130万元。一审宣判后，被告人上诉，二审法院维持原判，判决生效。

本案是非法获取证券交易内幕信息的人员从事内幕交易的典型案例。《最高人民法院、最高人民检察院关于办理内幕交易、泄露内幕交易刑事案件具体应用法律若干问题的解释》明确了“非法获取证券交易内幕信息的人员”的范围，并明确了内幕交易“情节严重”“情节特别严重”的认定标准。本案中，顾某某作为非法获取证券交易内幕信息的人员，从内幕信息知情人员处非法获取内幕信息后，从事与该内幕信息有关的证券交易。根据上述司法解释的规定，本案证券交易成交额和违法所得数额均已达到“情节特别严重”的认定标准。

四、相关问题与法理分析

在内幕交易、泄露内幕信息罪适用的司法实践中，主要的疑难问题可分为主体的认定、内幕信息的认定、行为的认定及数额的认定。

（一）主体的认定

实务中，控辩双方关于该罪主体的认定存在明显的认识分歧，导致出现较为罕见的刑事实体法方面的“辩审冲突”问题。我国《刑法》第一百八十条将本罪的自然人主体分为两类人员，第一类是内幕信息知情人员，第二类是非法获取内幕信息人员。对于第一类人员，结合《证券法》的规定，根据司法实践的适用情况，不难发现控辩双方的认知差异主要表现在对“特定职务”的不同理解和“实际获得内幕信息”是否为认定知情人员的必要条件两个方面。尽管相关法律对知情人员的范围进行了进一步细化，但是仍未能明确其核心特征，因此导致司法实践的适用混乱。

与知情人员成立犯罪主体不同，对非法获取内幕信息人员成立犯罪主体的认定未依托外部法律，是在刑法的体系框架内进行解释。关于非法获取内幕信息的人员如何认定，《最高人民法院、最高人民检察院关于办理内幕交易、泄露内幕信息刑事案件具体应用法律若干问题的解释》（以下简称《内幕交易刑事解释》）第二条作出相关规定，界定了构成非法获取内幕信息的人员的条件，但在认定时仍然存在一些疑问，比如，对于非法获取的认定，根据《内幕交易刑事解释》，一般认为其指的是特定手段非法，即用盗窃、利诱等不正当手段获得内幕信息。但是，笔者认为手段非法性以及司法解释的规定较为狭隘，其范围应当包括不应当获知该信息的人获知该信息，也就是内幕信息知情人之外的所有人。

（二）内幕信息的认定

如前所述，内幕信息的第一要素是非公开性。根据《内幕交易刑事解释》，判断内幕信息的非公开性的两个关键时间点分别是“内幕信息形成之时”和“内幕信息公开之时”。以 2016 年的刘某敏内幕交易案为例，富睿集团、捷安德公司与亚洲瓶业公司多次就股权转让事宜进行磋商。2014 年 2 月 24 日，买卖双方明确了本次股权转让的交易总额，基本确定了每股交易的价格区间，并开始着手研究交易程序和资金安排等具体交易细节。虽然在 2014 年 2 月 24 日双方未明确股权转让的总金额等信息，但法院仍将该日作为内幕信息形成的时间点。《证券法》的相关规定将重大事件形成时间作为内幕信息的形成事件，但是重大事件何时才算形成？计划具体到了什么程度才算是内幕信息？内幕信息的形成并不要求所有的合同、交易细节均达成合意，仅需某些能够使重大事件、计划、方案得以确定并具备现实转化的较大可能性的内容达成合意，此时即可认为形成了内幕信息。

内幕信息的另一个重要认定因素是信息的重要程度，我国目前采用的是明确列举规定的方式确定内幕信息的重要性，这样的方式满足了罪刑法定的原则，不过采用列举的方法存在一个通病，如果列举的内容不完备可能会导致司法不公正，如何平衡可操作性和公正性是一个需要解决的问题。

内幕信息的真实性在司法实践中并未被纳入内幕信息的认定特征，所以不影响行为性质的判定。因为该罪打击的重点在于破坏交易秩序的行为，不是获利行为。该罪成立不以行为人是否获得实际利益作为构成要件。在《内幕交易刑事解释》中明确了“非法获取内幕信息人员”和“相关交易行为明显异常”的推定规则，只要双方具有联络、接触，并有明显异常的交易行为且无正当理由或者正当信息来源的，即可判定。只要符合上述条件，就可推定是非法获取内幕信息的人员。

（三）行为的认定

从行为方式上看，对于构成内幕交易罪是否要求“利用”内幕信息也存在争议。持肯定观点的学者认为，虽然刑法中并未明确规定利用要素，但根据条文描述可以推出，如果不存在“利用”要素则不会破坏其他投资者对公平交易的期待。① 持否定观点的学者主要从司法认定的难度考虑，若是将利用内幕信息作为构成要件之一，会极大地增加司法机关认定的难度，让不法行为人逃避法律追究，不利于实现实质的公平正义。②

此外，关于泄露内幕信息后多次传递的责任认定问题，在理论上也展开过讨论。对于内幕信息被泄露后被他人再次买卖行为的认定，关键在于判断实施泄露内幕信息的行为人的责任边界应如何认定。笔者认为，无论是由出卖者全部负责还是只由直接信息接受方负责这两种方法都不可取，应该采用“有限负责”和“交易行为”相结合的原则，认定泄露信息的行为人对后续所有的泄露行为都要负责。

---

① 参见马克昌主编：《经济犯罪新论——破坏社会主义经济秩序罪研究》，武汉大学出版社 1998 年版，第 293 页。

② 参见庞良程：《证券内幕交易罪的构成及认定》，载《中央检察官管理学院学报》1998 年第 1 期。

（四）数额的认定

违法所得的认定问题关系到行为人的定罪与量刑，因此本罪数额的认定尤为重要，有部分问题已经达成了共识，但有部分问题仍未有定论。针对行为人买入后未卖出部分的金额计算，目前理论界分别存在“最后一次实际成交价格”“行政处罚决定作出数日后的强制交易价格”“复牌日收盘价”等方法。[①] 在实践中应该结合内幕信息的经济价值、违法所得与内幕信息之间的因果关系等因素，以及股票价格波动等偶然性因素进行考量。在一些案件当中，行为人还没有违法所得。如何确定罚金数额是司法实践中的难点，在目前法律法规中并无明文规定，只能由审判人员根据犯罪情节进行自由裁量。

---

① 参见刘宪权：《金融犯罪数额问题的刑法分析》，载《法学》1998 年第 11 期。

第九章　操纵证券、期货市场罪

证券、期货等金融产品的价格会根据公司本身的经营情况以及市场利率变化等因素进行波动，这样的波动是符合市场一般规律的。竞争是市场的本质属性，在法治社会，法律对市场进行规制时，则更加强调竞争的自由性与平等性。竞争的天敌就是垄断，在具有垄断地位的经济活动参与者打破竞争的自由性与平等性时，则应当受到法律的规制与惩处。操纵证券、期货市场的行为正是基于上述理念，才被刑法纳入处罚范畴。

但是，1979 年《刑法》并未设置该罪名，原因在于当时我国并没有真正的证券、期货市场。随着我国经济的发展以及产业属性的变化，1997 年《刑法》规定了“操纵证券交易价格罪”。《刑法修正案（六）》对本罪进行了修正，将证券、期货的交易量加入本罪犯罪对象，并将罪名改为现今的表述，即操纵证券、期货市场罪。《刑法修正案（十一）》增加了三种具体行为方式，用金融术语可以表述为幌骗型交易操纵、蛊惑型交易操纵以及“抢帽子”型交易操纵。上述行为方式并非《刑法修正案（十一）》的创新，相关司法解释先前就将前置法规中的诸多操纵证券、期货市场行为规定在本罪的兜底条款当中，并且也包括上述新增的三种行为方式。因此，对本罪兜底条款适用范围的认定，应当严格以司法解释为限，不能过度适用。

一、相关法律规定

（一）《刑法》（2023 年修正）

第一百八十二条　有下列情形之一，操纵证券、期货市场，影响证券、期货交易价格或者证券、期货交易量，情节严重的，处五年以下有期徒刑或者拘役，并处或者单处罚金；情节特别严重的，处五年以上十年以下有期徒刑，并处罚金：

（一）单独或者合谋，集中资金优势、持股或者持仓优势或者利用信息优势联合或者连续买卖的；

（二）与他人串通，以事先约定的时间、价格和方式相互进行证券、期货交易的；

（三）在自己实际控制的账户之间进行证券交易，或者以自己为交易对象，自买自卖期货合约的；

（四）不以成交为目的，频繁或者大量申报买入、卖出证券、期货合约并撤销申报的；

（五）利用虚假或者不确定的重大信息，诱导投资者进行证券、期货交易的；

（六）对证券、证券发行人、期货交易标的公开作出评价、预测或者投资建议，同时进行反向证券交易或者相关期货交易的；

（七）以其他方法操纵证券、期货市场的。

单位犯前款罪的，对单位判处罚金，并对其直接负责的主管人员和其他直接责任人员，依照前款的规定处罚。

（二）《最高人民法院、最高人民检察院关于办理操纵证券、期货市场刑事案件适用法律若干问题的解释》（2019 年 6 月 27 日公布）

第一条　行为人具有下列情形之一的，可以认定为刑法第一百八十二条第一款第四项规定的“以其他方法操纵证券、期货市场”：

（一）利用虚假或者不确定的重大信息，诱导投资者作出投资决策，影响证券、期货交易价格或者证券、期货交易量，并进行相关交易或者谋取相关利益的；

（二）通过对证券及其发行人、上市公司、期货交易标的公开作出评价、预测或者投资建议，误导投资者作出投资决策，影响证券、期货交易价格或者证券、期货交易量，并进行与其评价、预测、投资建议方向相反的证券交易或者相关期货交易的；

（三）通过策划、实施资产收购或者重组、投资新业务、股权转让、上市公司收购等虚假重大事项，误导投资者作出投资决策，影响证券交易价格或者证券交易量，并进行相关交易或者谋取相关利益的；

（四）通过控制发行人、上市公司信息的生成或者控制信息披露的内容、时点、节奏，误导投资者作出投资决策，影响证券交易价格或者证券交易量，并进行相关交易或者谋取相关利益的；

（五）不以成交为目的，频繁申报、撤单或者大额申报、撤单，误导投资者作出投资决策，影响证券、期货交易价格或者证券、期货交易量，并进行与申报相反的交易或者谋取相关利益的；

（六）通过囤积现货，影响特定期货品种市场行情，并进行相关期货交易的；

（七）以其他方法操纵证券、期货市场的。

第二条　操纵证券、期货市场，具有下列情形之一的，应当认定为刑法第一百八十二条第一款规定的“情节严重”：

（一）持有或者实际控制证券的流通股份数量达到该证券的实际流通股份总量百分之十以上，实施刑法第一百八十二条第一款第一项操纵证券市场行为，连续十个交易日的累计成交量达到同期该证券总成交量百分之二十以上的；

（二）实施刑法第一百八十二条第一款第二项、第三项操纵证券市场行为，连续十个交易日的累计成交量达到同期该证券总成交量百分之二十以上的；

（三）实施本解释第一条第一项至第四项操纵证券市场行为，证券交易成交额在一千万元以上的；

（四）实施刑法第一百八十二条第一款第一项及本解释第一条第六项操纵期货市场行为，实际控制的账户合并持仓连续十个交易日的最高值超过期货交易所限仓标准的二倍，累计成交量达到同期该期货合约总成交量百分之二十以上，且期货交易占用保证金数额在五百万元以上的；

（五）实施刑法第一百八十二条第一款第二项、第三项及本解释第一条第一项、第二项操纵期货市场行为，实际控制的账户连续十个交易日的累计成交量达到同期该期货合约总成交量百分之二十以上，且期货交易占用保证金数额在五百万元以上的；

（六）实施本解释第一条第五项操纵证券、期货市场行为，当日累计撤回申报量达到同期该证券、期货合约总申报量百分之五十以上，且证券撤回申报额在一千万元以上、撤回申报的期货合约占用保证金数额在五百万元以上的；

（七）实施操纵证券、期货市场行为，违法所得数额在一百万元以上的。

第三条　操纵证券、期货市场，违法所得数额在五十万元以上，具有下列情形之一的，应当认定为刑法第一百八十二条第一款规定的“情节严重”：

（一）发行人、上市公司及其董事、监事、高级管理人员、控股股东或者实际控制人实施操纵证券、期货市场行为的；

（二）收购人、重大资产重组的交易对方及其董事、监事、高级管理人员、控股股东或者实际控制人实施操纵证券、期货市场行为的；

（三）行为人明知操纵证券、期货市场行为被有关部门调查，仍继续实施的；

（四）因操纵证券、期货市场行为受过刑事追究的；

（五）二年内因操纵证券、期货市场行为受过行政处罚的；

（六）在市场出现重大异常波动等特定时段操纵证券、期货市场的；

（七）造成恶劣社会影响或者其他严重后果的。

第四条　具有下列情形之一的，应当认定为刑法第一百八十二条第一款规定的“情节特别严重”：

（一）持有或者实际控制证券的流通股份数量达到该证券的实际流通股份总量百分之十以上，实施刑法第一百八十二条第一款第一项操纵证券市场行为，连续十个交易日的累计成交量达到同期该证券总成交量百分之五十以上的；

（二）实施刑法第一百八十二条第一款第二项、第三项操纵证券市场行为，连续十个交易日的累计成交量达到同期该证券总成交量百分之五十以上的；

（三）实施本解释第一条第一项至第四项操纵证券市场行为，证券交易成交额在五千万元以上的；

（四）实施刑法第一百八十二条第一款第一项及本解释第一条第六项操纵期货市场行为，实际控制的账户合并持仓连续十个交易日的最高值超过期货交易所限仓标准的五倍，累计成交量达到同期该期货合约总成交量百分之五十以上，且期货交易占用保证金数额在二千五百万元以上的；

（五）实施刑法第一百八十二条第一款第二项、第三项及本解释第一条第一项、第二项操纵期货市场行为，实际控制的账户连续十个交易日的累计成交量达到同期该期货合约总成交量百分之五十以上，且期货交易占用保证金数额在二千五百万元以上的；

（六）实施操纵证券、期货市场行为，违法所得数额在一千万元以上的。

实施操纵证券、期货市场行为，违法所得数额在五百万元以上，并具有本解释第三条规定的七种情形之一的，应当认定为“情节特别严重”。

第五条　下列账户应当认定为刑法第一百八十二条中规定的“自己实际控制的账户”：

（一）行为人以自己名义开户并使用的实名账户；

（二）行为人向账户转入或者从账户转出资金，并承担实际损益的他人账户；

（三）行为人通过第一项、第二项以外的方式管理、支配或者使用的他人账户；

（四）行为人通过投资关系、协议等方式对账户内资产行使交易决策权的他人账户；

（五）其他有证据证明行为人具有交易决策权的账户。

有证据证明行为人对前款第一项至第三项账户内资产没有交易决策权的除外。

第六条　二次以上实施操纵证券、期货市场行为，依法应予行政处理或者刑事处理而未经处理的，相关交易数额或者违法所得数额累计计算。

第七条　符合本解释第二条、第三条规定的标准，行为人如实供述犯罪事实，认罪悔罪，并积极配合调查，退缴违法所得的，可以从轻处罚；其中犯罪情节轻微的，可以依法不起诉或者免予刑事处罚。

符合刑事诉讼法规定的认罪认罚从宽适用范围和条件的，依照刑事诉讼法的规定处理。

第八条　单位实施刑法第一百八十二条第一款行为的，依照本解释规定的定罪量刑标准，对其直接负责的主管人员和其他直接责任人员定罪处罚，并对单位判处罚金。

第九条　本解释所称“违法所得”，是指通过操纵证券、期货市场所获利益或者避免的损失。

本解释所称“连续十个交易日”，是指证券、期货市场开市交易的连续十个交易日，并非指行为人连续交易的十个交易日。

第十条　对于在全国中小企业股份转让系统中实施操纵证券市场行为，社会危害性大，严重破坏公平公正的市场秩序的，比照本解释的规定执行，但本解释第二条第一项、第二项和第四条第一项、第二项除外。

（三）《最高人民检察院、公安部关于公安机关管辖的刑事案件立案追诉标准的规定（二）》（2022年4月6日公布）

第三十四条　〔操纵证券、期货市场案（刑法第一百八十二条）〕操纵证券、期货市场，影响证券、期货交易价格或者证券、期货交易量，涉嫌下列情形之一的，应予立案追诉：

（一）持有或者实际控制证券的流通股份数量达到该证券的实际流通股份总量百分之十以上，实施刑法第一百八十二条第一款第一项操纵证券市场行为，连续十个交易日的累计成交量达到同期该证券总成交量百分之二十以上的；

（二）实施刑法第一百八十二条第一款第二项、第三项操纵证券市场行为，连续十个交易日的累计成交量达到同期该证券总成交量百分之二十以上的；

（三）利用虚假或者不确定的重大信息，诱导投资者进行证券交易，行为人进行相关证券交易的成交额在一千万元以上的；

（四）对证券、证券发行人公开作出评价、预测或者投资建议，同时进行反向证券交易，证券交易成交额在一千万元以上的；

（五）通过策划、实施资产收购或者重组、投资新业务、股权转让、上市公司收购等虚假重大事项，误导投资者作出投资决策，并进行相关交易或者谋取相关利益，证券交易成交额在一千万元以上的；

（六）通过控制发行人、上市公司信息的生成或者控制信息披露的内容、时点、节奏，误导投资者作出投资决策，并进行相关交易或者谋取相关利益，证券交易成交额在一千万元以上的；

（七）实施刑法第一百八十二条第一款第一项操纵期货市场行为，实际控制的账户合并持仓连续十个交易日的最高值超过期货交易所限仓标准的二倍，累计成交量达到同期该期货合约总成交量百分之二十以上，且期货交易占用保证金数额在五百万元以上的；

（八）通过囤积现货，影响特定期货品种市场行情，并进行相关期货交易，实际控制的账户合并持仓连续十个交易日的最高值超过期货交易所限仓标准的二倍，累计成交量达到同期该期货合约总成交量百分之二十以上，且期货交易占用保证金数额在五百万元以上的；

（九）实施刑法第一百八十二条第一款第二项、第三项操纵期货市场行为，实际控制的账户连续十个交易日的累计成交量达到同期该期货合约总成交量百分之二十以上，且期货交易占用保证金数额在五百万元以上的；

（十）利用虚假或者不确定的重大信息，诱导投资者进行期货交易，行为人进行相关期货交易，实际控制的账户连续十个交易日的累计成交量达到同期该期货合约总成交量百分之二十以上，且期货交易占用保证金数额在五百万元以上的；

（十一）对期货交易标的公开作出评价、预测或者投资建议，同时进行相关期货交易，实际控制的账户连续十个交易日的累计成交量达到同期该期货合约总成交量的百分之二十以上，且期货交易占用保证金数额在五百万元以上的；

（十二）不以成交为目的，频繁或者大量申报买入、卖出证券、期货合约并撤销申报，当日累计撤回申报量达到同期该证券、期货合约总申报量百分之五十以上，且证券撤回申报额在一千万元以上、撤回申报的期货合约占用保证金数额在五百万元以上的；

（十三）实施操纵证券、期货市场行为，获利或者避免损失数额在一百万元以上的。

操纵证券、期货市场，影响证券、期货交易价格或者证券、期货交易量，获利或者避免损失数额在五十万元以上，同时涉嫌下列情形之一的，应予立案追诉：

（一）发行人、上市公司及其董事、监事、高级管理人员、控股股东或者实际控制人实施操纵证券、期货市场行为的；

（二）收购人、重大资产重组的交易对方及其董事、监事、高级管理人员、控股股东或者实际控制人实施操纵证券、期货市场行为的；

（三）行为人明知操纵证券、期货市场行为被有关部门调查，仍继续实施的；

（四）因操纵证券、期货市场行为受过刑事追究的；

（五）二年内因操纵证券、期货市场行为受过行政处罚的；

（六）在市场出现重大异常波动等特定时段操纵证券、期货市场的；

（七）造成其他严重后果的。

对于在全国中小企业股份转让系统中实施操纵证券市场行为，社会危害性大，严重破坏公平公正的市场秩序的，比照本条的规定执行，但本条第一款第一项和第二项除外。

二、构成要件

（一）犯罪客体

本罪的犯罪客体是国家的证券、期货管理制度以及投资者的合法权益。

（二）客观方面

首先，根据《刑法》第一百八十二条之规定，本罪包括以下6种具体行为方式：（1）单独或者合谋，集中资金优势、持股或者持仓优势或者利用信息优势联合或者连续买卖的；（2）与他人串通，以事先约定的时间、价格和方式相互进行证券、期货交易的；（3）在自己实际控制的账户之间进行证券交易，或者以自己为交易对象，自买自卖期货合约的；（4）不以成交为目的，频繁或者大量申报买入、卖出证券、期货合约并撤销申报的；（5）利用虚假或者不确定的重大信息，诱导投资者进行证券、期货交易的；（6）对证券、证券发行人、期货交易标的公开作出评价、预测或者投资建议，同时进行反向证券交易或者相关期货交易的。

其次，《最高人民法院、最高人民检察院关于办理操纵证券、期货市场刑事案件适用法律若干问题的解释》对本罪的兜底条款进行了进一步明确，除刑法条文中的6种具体行为方式外，还包括：（1）通过策划、实施资产收购或者重组、投资新业务、股权转让、上市公司收购等虚假重大事项，误导投资者作出投资决策，影响证券交易价格或者证券交易量，并进行相关交易或者谋取相关利益的；（2）通过控制发行人、上市公司信息的生成或者控制信息披露的内容、时点、节奏，误导投资者作出投资决策，影响证券交易价格或者证券交易量，并进行相关交易或者谋取相关利益的；（3）通过囤积现货，影响特定期货品种市场行情，并进行相关期货交易的行为。上述三种行为方式在实务中都有相关判决，可见上述三种行为方式以及《刑法修正案（十一）》新增的三种行为方式是符合兜底条款的解释规则即同类解释规则的适用标准的。

最后，《最高人民法院、最高人民检察院关于办理操纵证券、期货市场刑事案件适用法律若干问题的解释》也对本罪的两种犯罪对象及入罪标准进行了明确规定。该解释将影响不同证券、期货交易量及不同价格的行为设置了不同的入罪门槛，并对“情节严重”和“情节特别严重”作出了明确规定。

（三）犯罪主体

本罪的犯罪主体为一般主体，凡达到刑事责任年龄并且具有刑事责任能力的自然人均可成为本罪主体。个人行为还是职务行为关系到是个人犯罪还是单位犯罪的定性问题，也关系到本罪的定罪量刑问题。司法实践中，主要看在案的证据能不能充分证实操纵行为是职务行为，包括操纵证券行为、资金账户规模、资金来源以及交易手段方式有没有超出职务范围，交易业务是否获得控股股东批准同意，操纵账户是个人账户还是公司账户以及收益归属问题等。另外，本罪的高发群体不只局限在证券公司、证券咨询机构、专业中介咨询机构以及其工作人员的范围，可以说包括任何单位和个人，最典型的就是股评名嘴等。股评名嘴一般会利用所谓股评家的身份在收盘前买入股票，晚间股评的时候推荐这只股票，第二天上涨后就卖出，从而获得巨额的非法利润，这就是典型的“抢帽子”交易。

（四）主观方面

本罪主观方面为故意，且以获取不正当利益或者转嫁风险为目的。

三、典型案例

案例1 朱某某操纵证券、期货市场案①

（一）基本案情

2013年2月1日至2014年8月26日，被告人朱某某在担任某某公司龙华西路营业部经纪人期间，先后多次在其受邀担任“谈股论金”电视节目嘉宾前，使用实际控制的“朱某”“孙某”“张某”3个证券账户，预先买入“利源精制”“万马股份”等15只股票，并于当日或次日在上述电视节目中通过详细介绍股票标识性信息、展示K线图或明示股票名称、代码等方式，对其预先买入的上述15只股票进行公开评价、预测或推介，再于节目在上海电视台首播后1~2个交易日内抛售相关股票，获取非法利益。经审计，朱某某买入股票交易金额共计人民币2094.22万余元（以下币种均为人民币），卖出股票交易金额共计2169.70万余元，非法获利75.48万余元。

（二）法院认定及处理

法院认为，被告人朱某某身为证券公司工作人员，违反规定买卖或持有证券，并通过公开评价、预测或者投资建议，在相关证券交易中非法获利75万余元，情节严重，其行为已构成操纵证券市场罪，应处5年以下有期徒刑或者拘役，并处罚金。朱某某在庭审期间能自愿认罪，且退回全部违法所得，在量刑时酌情予以考虑。综合全案犯罪事实、情节，对朱某某处以相应刑罚。

据此，为维护国家对证券交易的管理制度和投资者的合法权益，依照《刑法》（2017年）第一百八十二条第一款第（四）项、第五十三条以及第六十四条之规定，判决如下：（1）被告人朱某某犯操纵证券市场罪，判处有期徒刑11个月，并处罚金人民币76万元；（2）扣押在案的违法所得予以没收。后被告人未提出上诉，公诉机关也未提出抗诉，一审判决生效。

① 参见上海市第一中级人民法院（2017）沪01刑初49号一审刑事判决书。

案例2 王某等操纵证券、期货市场案[①]

（一）基本案情

2015年7月17日至9月1日，被告人王某控制其本人及借用他人的160个证券账户，集中资金优势，连续买卖上海证券交易所“永艺股份”股票，累计买入5076万余股，买入金额人民币62.6亿余元（以下币种均为人民币），操纵该股票的交易价格及交易量。经审计，上述33个交易日内，王某持有“永艺股份”流通股份数达该股实际流通股份总量的66%，连续买卖“永艺股份”股份数累计超过该股同期总成交量的30%。其间，被告人刘某某明知王某的上述操纵行为，仍帮助其联系宋某等配资方筹集资金。

（二）法院认定及处理

法院认为，被告人王某、刘某某集中资金优势，连续买卖股票，操纵证券交易价格和交易量，已构成操纵证券市场罪，且系情节特别严重。公诉机关起诉指控的罪名成立，应予支持。在操纵证券市场共同犯罪中，王某起主要作用，系主犯；刘某某起次要、辅助作用，系从犯，法院决定对其减轻处罚。

综上所述，为了维护证券市场正常交易秩序和枪支管理规定，根据二名被告人犯罪的事实、性质、情节及对社会的危害程度等，依照《刑法》（2017年）第一百八十二条第一款第（一）项、第一百二十八条第一款等规定，判决如下：（1）被告人王某犯操纵证券市场罪，判处有期徒刑6年，并处罚金人民币3000万元；犯非法持有枪支罪，判处有期徒刑3年，决定执行有期徒刑7年，并处罚金人民币3000万元。（2）被告人刘某某犯操纵证券市场罪，判处有期徒刑3年，并处罚金人民币300万元。（3）违法所得予以追缴；涉案的枪支予以没收。后被告人未提出上诉，公诉机关也未提出抗诉，一审判决生效。

---

① 参见上海市第一中级人民法院（2018）沪01刑初23号一审刑事判决书。

案例3 吴某某操纵证券、期货市场案[①]

（一）基本案情

2009年，被告人吴某某在任江苏某某资产投资管理顾问有限公司证券投资部实际负责人期间，使用他人证券账户提前建仓，再以公司名义在四川卫视《天天胜券》节目推荐相关股票，在股票价格上涨后抛售，获取非法利益。在2009年5月18日至6月20日，被告人吴某某操控在华泰证券股份有限公司西安文化北路证券营业部等证券交易机构开设的17个股票账户，采取上述方式交易的股票名称为“南方航空”“杭州解百”等14只股票，累计买入10,269,061股，买入成交总额约人民币6398余万元，卖出10,269,061股，卖出约人民币6859余万元，非法获利约人民币460余万元归个人所有。2016年1月12日，被告人吴某某向公安机关投案。

（二）法院认定及处理

法院认为，被告人吴某某作为证券投资咨询机构的实际控制人，违背有关从业禁止的规定，买卖相关证券，通过对证券公开作出评价、预测或者投资建议，在相关证券的交易中谋取利益，情节严重，其行为已构成操纵证券市场罪。江苏省南京市人民检察院指控被告人吴某某犯操纵证券市场罪的事实清楚，证据确实、充分，指控的罪名成立，应予采纳。被告人吴某某短时间内连续多次实施操纵证券市场行为，影响证券交易价格，破坏证券市场秩序，非法获利达460余万元，辩护律师提出的“吴某某系初犯，其犯罪行为对证券市场影响较小，非法获利较少”的辩护意见不能成立，不予采纳。

综上所述，依照《刑法》（2017年）第一百八十二条第一款第（四）项、第六十七条第一款、第五十二条、第五十三条、第六十四条之规定，判决如下：（1）被告人吴某某犯操纵证券市场罪，判处罚金人民币2760万元。（2）被告人吴某某犯罪所得人民币460.223255万元予以追缴，上缴国库。后被告人未提出上诉，公诉机关也未提出抗诉，一审判决生效。

---

① 参见江苏省南京市中级人民法院（2017）苏01刑初31号一审刑事判决书。

四、相关问题与法理分析

（一）本罪与诈骗罪的关系

操纵证券、期货市场罪的特点之一是行为人滥用优势地位，通过对相关信息进行积极的虚构或者消极的隐瞒，给投资者带来经济损失。这种行为主体一般通过团队运作以形成优势地位，如有投资管理公司、管理咨询公司、直播间、讲师团队、操盘团队或业务团队等。诈骗罪是指行为人实施诈骗行为，使被害人产生错误认识而处分财物，从而取得被害人财物。所以行为人一般会虚构投资前景，制造高额收益假象，诱骗被害人开户入金，操盘手配合攫取差价，给受害人造成损失，甚至搭建虚假交易平台和组建诈骗团伙。换言之，由于二者主体的地位及市场掌控优势不同，所以实施两罪的行为方式也会有所不同。操纵证券、期货市场的行为主体不需要实施过多的欺骗行为，也不需要虚构自己的身份，而诈骗罪的主体往往从身份、项目、同伙等多个方面进行欺骗。

（二）本罪与职务侵占罪的关系

目前，我国刑法没有对欺诈性期货交易作专门的规定，从目前的司法实践来看，期货交易员实施对敲行为牟利，可能会涉嫌两个罪名，一是操纵证券、期货市场罪，二是职务侵占罪。如果行为人交易牟利的数额达到了操纵期货市场罪的立案标准，以该罪处罚；如果达不到操纵期货市场罪的立案标准，而达到了职务侵占罪的立案标准，以职务侵占罪立案查处。

（三）本罪与内幕交易、泄露内幕信息罪的关系

从形式上看，两罪的主体都是具有优势地位的主体，二者的主要区别是其掌握的市场信息内容不同以及行为对市场造成的影响不同。一方面，前罪主体只是利用自己了解市场的优势地位，其实施犯罪行为时可能并没有掌握真实的市场信息；而后罪的主体则是掌握了真实的市场信息，只是在相关信息未公布之前，利用这种信息时间差牟利。另一方面，二者对市场造成的影响也有所不同。前罪的主体由于擅长制造虚假或者有利于自己的信息，所以

会影响证券、期货的价格走势以及成交量，进而影响整个金融市场；而后罪的主体是利用掌握信息的时间差进行牟利，并不会直接影响证券、期货的价格走势。

第十章　违法发放贷款罪

发放贷款是银行及其他金融机构的主要业务之一，也是其进行盈利、获得收入的基础。一般而言，银行和其他金融机构在发放贷款之前会对借款人进行尽职调查，只有借款人符合银行的信用评级要求，银行才会发放相应的贷款。就此而言，如果银行或金融机构的工作人员不认真审查申请人的相关资质就发放贷款，那么必然会侵害其他借款人的合法利益，也会扰乱正常的金融管理秩序，给金融机构和国家带来经济损失。但是，1979 年《刑法》并未对违法发放贷款的行为设置独立的罪名，所以当时一般以玩忽职守罪对违反规定发放贷款的商业银行工作人员定罪处罚。

直到 1995 年的《关于惩治破坏金融秩序犯罪的决定》首次将违法向关系人发放贷款和违法发放贷款的行为纳入犯罪体系。1997 年《刑法》在吸收上述决定内容时，将违法向关系人发放贷款行为和违法发放贷款行为设置为两个不同罪名，即违法向关系人发放贷款罪和违法发放贷款罪。2006 年《刑法修正案（六）》又对两罪进行了位置调整，明确了违法向关系人发放贷款与违法发放贷款的构成要件相同，并且前者仅为后者的加重情节。2007 年《关于执行〈中华人民共和国刑法〉确定罪名的补充规定（三）》最终将本罪设置成如今的表述，即违法发放贷款罪，并且取消了违法向关系人发放贷款罪这一罪名，如今只剩下违法发放贷款罪。

一、相关法律规定

（一）《刑法》（2023 年修正）

第一百八十六条　银行或者其他金融机构的工作人员违反国家规定发放贷款，数额巨大或者造成重大损失的，处五年以下有期徒刑或者拘役，并处一万元以上十万元以下罚金；数额特别巨大或者造成特别重大损失的，处五年以上有期徒刑，并处二万元以上二十万元以下罚金。

银行或者其他金融机构的工作人员违反国家规定，向关系人发放贷款的，依照前款的规定从重处罚。

单位犯前两款罪的，对单位判处罚金，并对其直接负责的主管人员和其他直接责任人员，依照前两款的规定处罚。

关系人的范围，依照《中华人民共和国商业银行法》和有关金融法规确定。

（二）《商业银行法》（2015 年 8 月 29 日修正）

第四十条　商业银行不得向关系人发放信用贷款；向关系人发放担保贷款的条件不得优于其他借款人同类贷款的条件。

前款所称关系人是指：

（一）商业银行的董事、监事、管理人员、信贷业务人员及其近亲属；

（二）前项所列人员投资或者担任高级管理职务的公司、企业和其他经济组织。

第四十一条　任何单位和个人不得强令商业银行发放贷款或者提供担保。商业银行有权拒绝任何单位和个人强令要求其发放贷款或者提供担保。

第四十七条　商业银行不得违反规定提高或者降低利率以及采用其他不正当手段，吸收存款，发放贷款。

（三）《最高人民检察院、公安部关于公安机关管辖的刑事案件立案追诉标准的规定（二）》（2022 年 4 月 6 日公布）

第三十七条　〔违法发放贷款案（刑法第一百八十六条）〕银行或者其他金融机构及其工作人员违反国家规定发放贷款，涉嫌下列情形之一的，应予立案追诉：

（一）违法发放贷款，数额在二百万元以上的；

（二）违法发放贷款，造成直接经济损失数额在五十万元以上的。

（四）《贷款通则》（1996 年 6 月 28 日公布）

第十七条　借款人应当是经工商行政管理机关（或主管机关）核准登记

的企（事）业法人、其他经济组织、个体工商户或具有中华人民共和国国籍的具有完全民事行为能力的自然人。

借款人申请贷款，应当具备产品有市场、生产经营有效益、不挤占挪用贷款资金、恪守信用等基本条件，并且应当符合以下要求：

一、有按期还本付息的能力，原应付贷款利息和到期贷款已清偿；没有清偿的，已经做了贷款人认可的偿还计划。

二、除自然人和不需要经工商部门核准登记的事业法人外，应当经过工商部门办理年检手续。

三、已开立基本账户或一般存款账户。

四、除国务院规定外，有限责任公司和股份有限公司对外股本权益性投资累计额未超过其净资产总额的50%。

五、借款人的资产负债率符合贷款人的要求。

六、申请中期、长期贷款的，新建项目的企业法人所有者权益与项目所需总投资的比例不低于国家规定的投资项目的资本金比例。

第十九条　借款人的义务：

一、应当如实提供贷款人要求的资料（法律规定不能提供者除外），应当向贷款人如实提供所有开户行、账号及存贷款余额情况，配合贷款人的调查、审查和检查；

二、应当接受贷款人对其使用信贷资金情况和有关生产经营、财务活动的监督；

三、应当按借款合同约定用途使用贷款；

四、应当按借款合同约定及时清偿贷款本息；

五、将债务全部或部分转让给第三人的，应当取得贷款人的同意；

六、有危及贷款人债权安全情况时，应当及时通知贷款人，同时采取保全措施。

第二十条　对借款人的限制：

一、不得在一个贷款人同一辖区内的两个或两个以上同级分支机构取得贷款。

二、不得向贷款人提供虚假的或者隐瞒重要事实的资产负债表、损益表等。

三、不得用贷款从事股本权益性投资，国家另有规定的除外。

四、不得用贷款在有价证券、期货等方面从事投机经营。

五、除依法取得经营房地产资格的借款人以外，不得用贷款经营房地产业务；依法取得经营房地产资格的借款人，不得用贷款从事房地产投机。

六、不得套取贷款用于借贷牟取非法收入。

七、不得违反国家外汇管理规定使用外币贷款。

八、不得采取欺诈手段骗取贷款。

第二十一条 贷款人必须经中国人民银行批准经营贷款业务，持有中国人民银行颁发的《金融机构法人许可证》或《金融机构营业许可证》，并经工商行政管理部门核准登记。

第二十四条 对贷款人的限制：

一、贷款的发放必须严格执行《中华人民共和国商业银行法》第三十九条关于资产负债比例管理的有关规定，第四十条关于不得向关系人发放信用贷款、向关系人发放担保贷款的条件不得优于其他借款人同类贷款条件的规定。

二、借款人有下列情形之一者，不得对其发放贷款：

（一）不具备本通则第四章第十七条所规定的资格和条件的；

（二）生产、经营或投资国家明文禁止的产品、项目的；

（三）违反国家外汇管理规定的；

（四）建设项目按国家规定应当报有关部门批准而未取得批准文件的；

（五）生产经营或投资项目未取得环境保护部门许可的；

（六）在实行承包、租赁、联营、合并（兼并）、合作、分立、产权有偿转让、股份制改造等体制变更过程中，未清偿原有贷款债务、落实原有贷款债务或提供相应担保的；

（七）有其他严重违法经营行为的。

三、未经中国人民银行批准，不得对自然人发放外币币种的贷款。

四、自营贷款和特定贷款，除按中国人民银行规定计收利息之外，不得收取其他任何费用；委托贷款，除按中国人民银行规定计收手续费之外，不得收取其他任何费用。

五、不得给委托人垫付资金，国家另有规定的除外。

六、严格控制信用贷款，积极推广担保贷款。

第六十二条　贷款人违反资产负债比例管理有关规定发放贷款的，应当依照《中华人民共和国商业银行法》第七十五条，由中国人民银行责令改正，处以罚款，有违法所得的没收违法所得，并且应当依照第七十六条对直接负责的主管人员和其他直接责任人员给予处罚。

第六十三条　贷款人违反规定向关系人发放信用贷款或者发放担保贷款的条件优于其他借款人同类贷款条件的，应当依照《中华人民共和国商业银行法》第七十四条处罚，并且应当依照第七十六条对有关直接责任人员给予处罚。

第六十五条　贷款人的有关责任人员违反本通则有关规定，应当给予纪律处分和罚款；情节严重或屡次违反的，应当调离工作岗位，取消任职资格；造成严重经济损失或者构成其他经济犯罪的，应当依照有关法律规定追究刑事责任。

第七十一条　借款人有下列情形之一，由贷款人对其部分或全部贷款加收利息；情节特别严重的，由贷款人停止支付借款人尚未使用的贷款，并提前收回部分或全部贷款：

一、不按借款合同规定用途使用贷款的。

二、用贷款进行股本权益性投资的。

三、用贷款在有价证券、期货等方面从事投机经营的。

四、未依法取得经营房地产资格的借款人用贷款经营房地产业务的；依法取得经营房地产资格的借款人，用贷款从事房地产投机的。

五、不按借款合同规定清偿贷款本息的。

六、套取贷款相互借贷牟取非法收入的。

（五）《金融违法行为处罚办法》（1999年2月22日发布）

第十六条　金融机构办理贷款业务，不得有下列行为：

（一）向关系人发放信用贷款；

（二）向关系人发放担保贷款的条件优于其他借款人同类贷款的条件；

（三）违反规定提高或者降低利率以及采用其他不正当手段发放贷款；

（四）违反中国人民银行规定的其他贷款行为。

金融机构有前款所列行为之一的，给予警告，没收违法所得，并处违法所得1倍以上5倍以下的罚款，没有违法所得的，处10万元以上50万元以下的罚款；对该金融机构直接负责的高级管理人员、其他直接负责的主管人员和直接责任人员，给予撤职直至开除的纪律处分；情节严重的，责令该金融机构停业整顿或者吊销经营金融业务许可证；构成违法向关系人发放贷款罪、违法发放贷款罪或者其他罪的，依法追究刑事责任。

第十八条　金融机构不得违反国家规定从事证券、期货或者其他衍生金融工具交易，不得为证券、期货或者其他衍生金融工具交易提供信贷资金或者担保，不得违反国家规定从事非自用不动产、股权、实业等投资活动。

金融机构违反前款规定的，给予警告，没收违法所得，并处违法所得1倍以上5倍以下的罚款，没有违法所得的，处10万元以上50万元以下的罚款；对该金融机构直接负责的高级管理人员给予开除的纪律处分，对其他直接负责的主管人员和直接责任人员给予撤职直至开除的纪律处分；情节严重的，责令该金融机构停业整顿或者吊销经营金融业务许可证；构成非法经营罪、违法发放贷款罪或者其他罪的，依法追究刑事责任。

二、构成要件

（一）犯罪客体

本罪的犯罪客体是国家对放贷秩序的管理制度及金融机构的财产权益，其实质内容为金融机构的财产权和其他借款人公平取得贷款的机会利益。

（二）客观方面

本罪的客观方面表现为行为人必须实施了违反国家规定发放贷款的行为。这里所说的“违反国家规定”的认定涉及三类规范文件：一是《商业银行法》《银行管理暂行条例》等法律；二是《金融违法行为处罚办法》《贷款通则》《流动资金贷款管理暂行办法》《个人贷款管理暂行办法》《固定资产贷款管理暂行办法》《项目融资业务指引》《农村信用合作社稽核处罚暂行规定》等行政法规或部门规章；三是地方政府部门出台的“贷款管理操作规程（流程）”。

此外，行为人违法发放贷款，必须达到数额巨大的标准或者造成了重大损失，才构成犯罪。所谓重大损失，是指行为人非法发放贷款的行为，致使银行或者其他金融机构的贷款全部或者部分不能收回而产生的损失。考虑到实践中认定因违法发放贷款所造成的损失存在较大的困难，所以单一以造成重大损失认定犯罪则难以定性；因此，本罪的构成有两个结果性要件，任何一项结果成就，即行为人非法发放贷款数额巨大或者行为人非法发放贷款造成了重大损失，都可能构成本罪。

（三）犯罪主体

本罪的犯罪主体是特殊主体，即银行或者其他金融机构的工作人员，非上述人员不能构成本罪。这里的“银行”是广义的，包括各商业银行以及其他在我国境内设立的合资、外资银行。这里的“其他金融机构”，是指除银行以外的其他经营保险、信托投资、证券、外汇、期货、融资租赁等金融业务的机构。

（四）主观方面

本罪的主观方面为故意。具体指行为人明知其违法发放贷款的行为会损害国家金融管理秩序，并且具有希望或者放任该损害国家金融管理秩序后果发生的态度。例如，银行、机构工作人员在审查、办理贷款的过程中，已经明知申请人不符合条件，不具有申请贷款的资格时，仍然不对其贷款用途、日后偿还能力等实际情况进行进一步调查从而给银行或机构带来巨大经济损失。

三、典型案例

案例 1 傅某某违法发放贷款案[①]

（一）基本案情

2019 年 8 月，洪江市铁山乡人蒋某 2 因装修宾馆需要，找到时任湖南省

① 参见湖南省洪江市人民法院（2022）湘 1281 刑初 45 号一审刑事判决书。

洪江农村商业银行股份有限公司龙田支行行长的被告人傅某某，提出想贷款200万元的请求。由于蒋某2在该行尚有30万元的便民贷款，按照规定不能再贷款，蒋某2便以李某1的名义贷款。之后，蒋某2以李某1的名义制作了虚假的不动产权证、虚假的合伙协议及土地流转合同等贷款资料并交给被告人傅某某用于办理贷款。被告人傅某某在办理李某1的贷款过程中，在未审查贷款资料真实性的情况下，将贷款材料提交至总行。2019年9月的一天（贷款发放前），被告人傅某某与李某1、蒋某2到怀化市不动产登记中心办理资产抵押登记时，违反规定不全程参与办理，未亲自前往登记部门窗口领取他项权利登记证书，致使蒋某2事先办理的虚假他项权利登记证书得以蒙混过关，于2019年9月11日向李某1违法发放贷款200万元。随后李某1将200万元贷款转账给了蒋某2。至2022年3月，傅某某、蒋某2共计还款本金29,039.76元、利息126,512.2元，尚欠利息382,299.7元，贷款本金1,970,960.24元未收回。

2022年2月15日，被告人傅某某主动到洪江市公安局投案，并如实供述了违法发放贷款的犯罪事实。

（二）法院认定及处理

法院认为，被告人傅某某作为银行工作人员，违反国家规定发放贷款且数额巨大，其行为构成违法发放贷款罪。公诉机关指控被告人傅某某犯违法发放贷款罪的罪名成立。被告人傅某某主动投案，并如实供述自己的罪行，系自首，且当庭自愿认罪认罚，依法可以从轻处罚、从宽处理。被告人傅某某代为归还部分本金，酌情可从轻处罚。判决如下：被告人傅某某犯违法发放贷款罪，判处有期徒刑1年，并处罚金人民币2万元。一审宣判后，在法定期限内，被告人未提出上诉，公诉机关亦未提出抗诉，判决发生法律效力。

案例2 宋某某违规出具金融票证、违法发放贷款、非国家工作人员受贿案[①]

（一）基本案情

2018年，宋某某在担任甲信用联社党委书记、理事长期间，为避免其在乙农商银行任职期间帮助某某公司和四川某房地产开发有限公司非标融资的事情案发受到牵连，违反《中华人民共和国商业银行法》《贷款通则》等法律法规的规定，和叶某、该房地产公司法定代表人孙某某商议，以二人控制的未实际开展经营活动的公司名义向甲信用联社申请贷款。为了规避甲信用联社对企业贷款授信额度超过4000万元应上报上级联社进行风险审查的监管要求，宋某某决定将大额贷款分解为多笔不超过4000万元的小额贷款。在叶某等人申请贷款后，宋某某违规提前向本单位企业部、信贷管理部相关人员打招呼，要求不做实质审查尽快办理相关贷款。宋某某向叶某、孙某某二人的关联公司违法发放贷款共计4.128亿元，至案发，上述贷款本息逾期后无法收回。

（二）法院认定及处理

本案由四川省广安市监察委员会调查终结后移送起诉，2020年5月20日，四川省广安市广安区人民检察院以宋某某犯违法发放贷款罪、违规出具金融票证罪、非国家工作人员受贿罪提起公诉。2020年12月31日，四川省广安市广安区人民法院作出一审判决：以违规出具金融票证罪判处有期徒刑9年；以违法发放贷款罪判处有期徒刑9年，并处罚金人民币20万元；以非国家工作人员受贿罪判处有期徒刑7年，并处没收个人财产人民币50万元；数罪并罚，决定执行有期徒刑19年，并处罚金人民币20万元、没收个人财产人民币50万元。一审宣判后，宋某某提出上诉，四川省广安市中级人民法院二审裁定驳回上诉，维持原判。

① 参见《关于印发最高人民检察院第四十七批指导性案例的通知》，载最高人民检察院网，https：//www. spp. gov. cn/xwfbh/dxal/202308/t20230822_ 625565. shtml。

案例3 职某某违法发放贷款案①

（一）基本案情

2014年下半年，河南伟彤科技股份有限公司董事长即被告人职某某因无力偿还他行200万元贷款，找时任修武县农村商业银行的崔某某帮忙，崔某某高息借款帮其还贷。2015年6月，崔某某向职某某索要借款及高额利息，因被告人职某某无贷款资格，其与崔某某共谋由职某某的儿媳谷某以生意周转为由向银行贷款300万元。崔某某准备了虚假的购销合同并安排银行信贷人员准备贷款资料、被告人职某某安排公司员工提供担保。银行信贷人员在贷前调查过程中未核实购销合同真伪、贷款用途及担保资格。300万元贷款审批发放后，被崔某某用于偿还个人借款。

（二）法院认定及处理

法院认为，被告人职某某与银行工作人员共谋，配合提供贷款人和担保人，利用银行工作人员的职权，违反国家规定发放贷款，数额巨大，其行为已构成违法发放贷款罪，且系共同犯罪。被告人职某某在共同犯罪中起次要作用，系从犯，应当从轻处罚。到案后如实供述其罪行，自愿认罪认罚，可从轻处罚和从宽处理。判决如下：被告人职某某犯违法发放贷款罪，判处有期徒刑8个月，并处罚金人民币2万元；在案现金13万元发还河南修武农村商业银行股份有限公司周某。一审宣判后，在法定期限内，被告人未提出上诉，公诉机关亦未提出抗诉，判决发生法律效力。

四、相关问题与法理分析

（一）本罪的司法适用问题

1. “国家规定”的司法认定困境

虽然本罪中“违反国家规定”的表现形式是可以明确的，即如果银行或者其他金融机构的工作人员不严格审查借款人的偿还能力、保证人的偿还能

① 参见河南省修武县人民法院（2022）豫0821刑初71号一审刑事判决书。

力、抵押物的权属以及实现抵押权、质权的可行性；优于其他借款人同类贷款的条件而发放贷款；在向关系人提供贷款时采用了比普通贷款人更为优惠的条件就属于违反国家规定发放贷款。但是，本罪关于“国家规定”范围的认定存在较大争议，如《商业银行法》《刑法》《贷款通则》以及内部行业规定等不同层级或范围的法律，存在法律适用混乱的现象。①

2. 如何认定职业放贷人及其行为如何处理的问题

在现实生活中，有一批人以放贷为业，他们专门在他人急需之时将自己的资金出借给他人从而从他人手中赚取较为高额的利息或者收取其他间接的费用，实务中将这部分人称为“职业放贷人”。如何区分和正确认定职业放贷人正是当下的一个问题。首先，先要审查放贷人是否依法取得了国家认可的放贷资格，出借人未依法取得放贷资格时仍以营利为目的向社会不特定对象提供借款的，法院认定此民间借贷合同无效。其次，放贷人是否以营利为目的也是国家审查的内容之一，一般来说，只要出借人收取了利息或其他相关费用即认定为盈利。以上两点的认定较为简单，法律规定也较为完善。最后，由于“职业放贷人”放贷的对象并不特定，所以无法从亲属关系、情感关系等关联关系中准确地捕捉到其针对的对象。在司法实践中，除了反向界定外，似乎难以从其他角度和方向就案件涉及的借贷行为进行评判。就当前案件中，一旦出借人被认定为职业放贷人，在个案中法院一般只会对出借人的本金和其他合理损失予以支持，但其与借款人所签订的合同会被认定无效，出借人与借款人双方之间约定的高额利息亦不会得到法院的支持。因此在实践中，既要合法地惩治“职业放贷人”的行为，又要避免矫枉过正，这也是司法进程中急需解决的问题。

3. 损失难以确定

根据司法解释，在司法实践中违法发放贷款 100 万元或者造成的直接损失达到 20 万元就会对其进行立案追诉。“造成了重大的损失”指到期时，银行或其他金融机构不能收回贷款人发放的贷款或者利息，且其数额须达到 20 万元以上。

---

① 参见王美鹏、李俊：《违法发放贷款犯罪问题研究》，载《人民检察》2017 年第 18 期。

2007年中国银监会制定的《贷款风险分类指引》，对贷款实行五级分类法，具体包括正常、关注、次级、可疑和损失贷款，其中，后三类合称为不良贷款。司法实务中对直接经济损失范围的认定标准主要有以下三种观点：(1) 不包括贷款时所生成的利息。此观点认为的直接经济损失是指本金，即金融机构本身所持有的经济利益。利息是基于本金而增收的，是一种可期待的利益，而不是现实的经济利益，这是一种收入，所以不能包括在直接损失的范围内。(2) 包括贷款所产生的利息。该观点认为贷款之后必然会产生利息，利息是基于贷款本身所产生的，所以该利息的取得应当受到法律保护。因此对本金和利息借款人都具有偿还义务。(3) 在贷款期限内产生的利息以及借款人在续展期内所产生的利息都应当认定为违法发放贷款所造成的直接经济损失。该观点认为即便采取了必要的措施，仍然无法收回的本金和利息，均应认定为直接经济损失。①

4. "银行通道业务"的构罪问题

有个别法院的刑事判决认定办理过通道业务的银行业金融机构的经办人员甚至相应银行业金融机构是在利用通道业务变相违法发放贷款，构成违法发放贷款罪。但是根据我国法律，银行经营通道业务并没有包含在刑法的"违法发放贷款罪"等犯罪条款中。即使将"违法发放贷款罪"的内涵进行外延，也不包括银行"通道业务"的经营行为。因此，笔者认为，银行通道业务是法律所允许的一种业务经营行为，将"通道业务"变相认定为违法发放贷款罪相当于否定了全国所有通道业务的合法性，因此不能将合法经营行为入罪。

(二) 本罪与违规出具金融票证罪的关系

两罪都属于破坏社会主义市场经济秩序罪中的破坏金融管理秩序罪，如果两罪的主体实施相应行为导致了较大或重大损失，不但会使银行、其他金融机构的资金受损，而且也会严重影响其自身职业发展。从主体上看，二者的主体相同，都是银行或者其他金融机构的工作人员。但是，部分特征相似

① 《贷款风险分类指引》第5条第6款规定，损失：在采取所有可能的措施或一切必要的法律程序之后，本息仍然无法收回，或只能收回极少部分。

并不意味着完全相同，二者在某些重要构成要件上存在不同之处。比如，违规出具金融票证罪的行为对象是金融票证。由于违规出具金融票证罪在整个犯罪过程中都会涉及金融票证，所以必须以金融票证的认定为基础而展开。违法发放贷款罪的行为对象是贷款，贷款人需要对借款人给付原来的本金和按照约定的利率和期限产生的货币资金。

第十一章　逃汇罪

保持国际收支平衡是我国宏观调控的主要目标之一。加强国家外汇管理制度，打击侵害国家外汇收入的行为有助于维持国际收支平衡，推动我国经济的稳定发展。因此，我国历来对外汇进行集中管制，制定了多个规范性文件，将危害外汇管理制度的行为纳入刑事处罚的范畴。只不过在新中国成立初期，由于缺乏成熟的立法技术，加之在理论上研究不够深入，我国制定的法规一般将危害外汇管理制度的行为纳入走私罪或者投机倒把罪的范畴。比如，1979 年《刑法》就将违反外汇管理制度、情节严重的行为规定为投机倒把罪的一种形式。1996 年《关于惩治走私罪的补充规定》又将现行刑法规定的逃汇行为纳入其中。在 1997 年《刑法》第一百九十条中，立法者终于对逃汇行为设置了独立罪名，但是彼时本罪的主体还仅限于国有公司、企业或者其他国有单位。

此外，相比于前述的《关于惩治走私罪的补充规定》，1997 年《刑法》并未将套汇行为纳入处罚范畴，进而2008 年修订的《中华人民共和国外汇管理条例》第五条也维持了套汇行为的合法性（这里的套汇行为一般指经常性的国际支付和转移）。另外，1998 年《全国人民代表大会常务委员会关于惩治骗购外汇、逃汇和非法买卖外汇犯罪的决定》对原有的逃汇罪作了如下修改，形成了现行刑法的表述：（1）将犯罪主体扩大到所有单位；（2）将定罪标准从“情节严重”改为“数额较大”；（3）对单位的罚金刑作了更为细致的规定，即逃汇数额 5% 以上 30% 以下的罚金；（4）增加了量刑档次，并将直接负责的主管人员和其他责任人员的最高刑期改为 15 年有期徒刑。

一、相关法律规定

（一）《刑法》（2023 年修正）

第一百九十条　公司、企业或者其他单位，违反国家规定，擅自将外汇存放境外，或者将境内的外汇非法转移到境外，数额较大的，对单位判处逃汇数额百分之五以上百分之三十以下罚金，并对其直接负责的主管人员和其他直接责任人员处五年以下有期徒刑或者拘役；数额巨大或者有其他严重情节的，对单位判处逃汇数额百分之五以上百分之三十以下罚金，并对其直接负责的主管人员和其他直接责任人员处五年以上有期徒刑。

（二）《最高人民法院关于审理骗购外汇、非法买卖外汇刑事案件具体应用法律若干问题的解释》（1998 年 8 月 28 日公布）

第一条　以进行走私、逃汇、洗钱、骗税等犯罪活动为目的，使用虚假、无效的凭证、商业单据或者采取其他手段向外汇指定银行骗购外汇的，应当分别按照刑法分则第三章第二节、第一百九十条、第一百九十一条和第二百零四条等规定定罪处罚。

非国有公司、企业或者其他单位，与国有公司、企业或者其他国有单位勾结逃汇的，以逃汇罪的共犯处罚。

（三）《中华人民共和国外汇管理条例》（2008 年 8 月 5 日公布）

第三条　本条例所称外汇，是指下列以外币表示的可以用作国际清偿的支付手段和资产：

1. 外币现钞，包括纸币、铸币；
2. 外币支付凭证或者支付工具，包括票据、银行存款凭证、银行卡等；
3. 外币有价证券，包括债券、股票等；
4. 特别提款权；
5. 其他外汇资产。

第四条　境内机构、境内个人的外汇收支或者外汇经营活动，以及境外机构、境外个人在境内的外汇收支或者外汇经营活动，适用本条例。

第五条 国家对经常性国际支付和转移不予限制。

第六条 国家实行国际收支统计申报制度。

国务院外汇管理部门应当对国际收支进行统计、监测，定期公布国际收支状况。

第七条 经营外汇业务的金融机构应当按照国务院外汇管理部门的规定为客户开立外汇账户，并通过外汇账户办理外汇业务。

经营外汇业务的金融机构应当依法向外汇管理机关报送客户的外汇收支及账户变动情况。

第八条 中华人民共和国境内禁止外币流通，并不得以外币计价结算，但国家另有规定的除外。

第九条 境内机构、境内个人的外汇收入可以调回境内或者存放境外；调回境内或者存放境外的条件、期限等，由国务院外汇管理部门根据国际收支状况和外汇管理的需要作出规定。

第十条 国务院外汇管理部门依法持有、管理、经营国家外汇储备，遵循安全、流动、增值的原则。

第十一条 国际收支出现或者可能出现严重失衡，以及国民经济出现，或者可能出现严重危机时，国家可以对国际收支采取必要的保障、控制等措施。

第十二条 经常项目外汇收支应当具有真实、合法的交易基础。经营结汇、售汇业务的金融机构应当按照国务院外汇管理部门的规定，对交易单证的真实性及其与外汇收支的一致性进行合理审查。

外汇管理机关有权对前款规定事项进行监督检查。

第十三条 经常项目外汇收入，可以按照国家有关规定保留或者卖给经营结汇、售汇业务的金融机构。

第十四条 经常项目外汇支出，应当按照国务院外汇管理部门关于付汇与购汇的管理规定，凭有效单证以自有外汇支付或者向经营结汇、售汇业务的金融机构购汇支付。

第十五条 携带、申报外币现钞出入境的限额，由国务院外汇管理部门规定。

第十六条 境外机构、境外个人在境内直接投资，经有关主管部门批准后，应当到外汇管理机关办理登记。

境外机构、境外个人在境内从事有价证券或者衍生产品发行、交易，应当遵守国家关于市场准入的规定，并按照国务院外汇管理部门的规定办理登记。

第十七条　境内机构、境内个人向境外直接投资或者从事境外有价证券、衍生产品发行、交易，应当按照国务院外汇管理部门的规定办理登记。国家规定需要事先经有关主管部门批准或者备案的，应当在外汇登记前办理批准或者备案手续。

第十八条　国家对外债实行规模管理。借用外债应当按照国家有关规定办理，并到外汇管理机关办理外债登记。

国务院外汇管理部门负责全国的外债统计与监测，并定期公布外债情况。

第十九条　提供对外担保，应当向外汇管理机关提出申请，由外汇管理机关根据申请人的资产负债等情况作出批准或者不批准的决定；国家规定其经营范围需要经有关主管部门批准的，应当在向外汇管理机关提出申请前办理批准手续。申请人签订对外担保合同后，应当到外汇管理机关办理对外担保登记。

经国务院批准为使用外国政府或者国际金融组织贷款进行转贷提供对外担保的，不适用前款规定。

第二十条　银行业金融机构在经批准的经营范围内可以直接向境外提供商业贷款。其他境内机构向境外提供商业贷款，应当向外汇管理机关提出申请，外汇管理机关根据申请人的资产负债等情况作出批准或者不批准的决定；国家规定其经营范围必须经有关主管部门批准的，应当在向外汇管理机关提出申请前办理批准手续。

向境外提供商业贷款，应当按照国务院外汇管理部门的规定办理登记。

第二十一条　资本项目外汇收入保留或者卖给经营结汇、售汇业务的金融机构，应当经外汇管理机关批准，但国家规定无需批准的除外。

第二十二条　资本项目外汇支出，应当按照国务院外汇管理部门关于付汇与购汇的管理规定，凭有效单证以自有外汇支付或者向经营结汇、售汇业务的金融机构购汇支付。国家规定应当经外汇管理机关批准的，应当在外汇支付前办理批准手续。

依法终止的外商投资企业，按照国家有关规定进行清算、纳税后，属于外方投资者所有的人民币，可以向经营结汇、售汇业务的金融机构购汇汇出。

第二十三条 资本项目外汇及结汇资金，应当按照有关主管部门及外汇管理机关批准的用途使用。外汇管理机关有权对资本项目外汇及结汇资金使用和账户变动情况进行监督检查。

第二十四条 金融机构经营或者终止经营结汇、售汇业务，应当经外汇管理机关批准；经营或者终止经营其他外汇业务，应当按照职责分工经外汇管理机关或者金融业监督管理机构批准。

第二十五条 外汇管理机关对金融机构外汇业务实行综合头寸管理，具体办法由国务院外汇管理部门制定。

第二十六条 金融机构的资本金、利润以及因本外币资产不匹配需要进行人民币与外币间转换的，应当经外汇管理机关批准。

第二十七条 人民币汇率实行以市场供求为基础的、有管理的浮动汇率制度。

第二十八条 经营结汇、售汇业务的金融机构和符合国务院外汇管理部门规定条件的其他机构，可以按照国务院外汇管理部门的规定在银行间外汇市场进行外汇交易。

第二十九条 外汇市场交易应当遵循公开、公平、公正和诚实信用的原则。

第三十条 外汇市场交易的币种和形式由国务院外汇管理部门规定。

第三十一条 国务院外汇管理部门依法监督管理全国的外汇市场。

第三十二条 国务院外汇管理部门可以根据外汇市场的变化和货币政策的要求，依法对外汇市场进行调节。

第三十三条 外汇管理机关依法履行职责，有权采取下列措施：

（一）对经营外汇业务的金融机构进行现场检查；

（二）进入涉嫌外汇违法行为发生场所调查取证；

（三）询问有外汇收支或者外汇经营活动的机构和个人，要求其对与被调查外汇违法事件直接有关的事项作出说明；

（四）查阅、复制与被调查外汇违法事件直接有关的交易单证等资料；

（五）查阅、复制被调查外汇违法事件的当事人和直接有关的单位、个人的财务会计资料及相关文件，对可能被转移、隐匿或者毁损的文件和资料，可以予以封存；

（六）经国务院外汇管理部门或者省级外汇管理机关负责人批准，查询被调查外汇违法事件的当事人和直接有关的单位、个人的账户，但个人储蓄存款账户除外；

（七）对有证据证明已经或者可能转移、隐匿违法资金等涉案财产或者隐匿、伪造、毁损重要证据的，可以申请人民法院冻结或者查封。

有关单位和个人应当配合外汇管理机关的监督检查，如实说明有关情况并提供有关文件、资料，不得拒绝、阻碍和隐瞒。

第三十四条　外汇管理机关依法进行监督检查或者调查，监督检查或者调查的人员不得少于 2 人，并应当出示证件。监督检查、调查的人员少于 2 人或者未出示证件的，被监督检查、调查的单位和个人有权拒绝。

第三十五条　有外汇经营活动的境内机构，应当按照国务院外汇管理部门的规定报送财务会计报告、统计报表等资料。

第三十六条　经营外汇业务的金融机构发现客户有外汇违法行为的，应当及时向外汇管理机关报告。

第三十七条　国务院外汇管理部门为履行外汇管理职责，可以从国务院有关部门、机构获取所必需的信息，国务院有关部门、机构应当提供。

国务院外汇管理部门应当向国务院有关部门、机构通报外汇管理工作情况。

第三十八条　任何单位和个人都有权举报外汇违法行为。

外汇管理机关应当为举报人保密，并按照规定对举报人或者协助查处外汇违法行为有功的单位和个人给予奖励。

第三十九条　有违反规定将境内外汇转移境外，或者以欺骗手段将境内资本转移境外等逃汇行为的，由外汇管理机关责令限期调回外汇，处逃汇金额 30% 以下的罚款；情节严重的，处逃汇金额 30% 以上等值以下的罚款；构成犯罪的，依法追究刑事责任。

第四十条　有违反规定以外汇收付应当以人民币收付的款项，或者以虚假、无效的交易单证等向经营结汇、售汇业务的金融机构骗购外汇等非法套汇行为的，由外汇管理机关责令对非法套汇资金予以回兑，处非法套汇金额

30% 以下的罚款；情节严重的，处非法套汇金额 30% 以上等值以下的罚款；构成犯罪的，依法追究刑事责任。

第四十一条　违反规定将外汇汇入境内的，由外汇管理机关责令改正，处违法金额 30% 以下的罚款；情节严重的，处违法金额 30% 以上等值以下的罚款。

非法结汇的，由外汇管理机关责令对非法结汇资金予以回兑，处违法金额 30% 以下的罚款。

第四十二条　违反规定携带外汇出入境的，由外汇管理机关给予警告，可以处违法金额 20% 以下的罚款。法律、行政法规规定由海关予以处罚的，从其规定。

第四十三条　有擅自对外借款、在境外发行债券或者提供对外担保等违反外债管理行为的，由外汇管理机关给予警告，处违法金额 30% 以下的罚款。

第四十四条　违反规定，擅自改变外汇或者结汇资金用途的，由外汇管理机关责令改正，没收违法所得，处违法金额 30% 以下的罚款；情节严重者，处违法金额 30% 以上等值以下的罚款。

有违反规定以外币在境内计价结算或者划转外汇等非法使用外汇行为的，由外汇管理机关责令改正，给予警告，可以处违法金额 30% 以下的罚款。

第四十五条　私自买卖外汇、变相买卖外汇、倒买倒卖外汇或者非法介绍买卖外汇数额较大的，由外汇管理机关给予警告，没收违法所得，处违法金额 30% 以下的罚款；情节严重，处违法金额 30% 以上等值以下的罚款；构成犯罪的，依法追究刑事责任。

第四十六条　未经批准擅自经营结汇、售汇业务的，由外汇管理机关责令改正，有违法所得的，没收违法所得，违法所得 50 万元以上的，并处违法所得 1 倍以上 5 倍以下的罚款；没有违法所得或者违法所得不足 50 万元的，处 50 万元以上 200 万元以下的罚款；情节严重的，由有关主管部门责令停业整顿或者吊销业务许可证；构成犯罪的，依法追究刑事责任。

未经批准经营结汇、售汇业务以外的其他外汇业务的，由外汇管理机关或者金融业监督管理机构依照前款规定予以处罚。

第四十七条　金融机构有下列情形之一的，由外汇管理机关责令限期改正，没收违法所得，并处 20 万元以上 100 万元以下的罚款；情节严重或者逾期不改正的，由外汇管理机关责令停止经营相关业务：

（一）办理经常项目资金收付，未对交易单证的真实性及其与外汇收支的一致性进行合理审查的；

（二）违反规定办理资本项目资金收付的；

（三）违反规定办理结汇、售汇业务的；

（四）违反外汇业务综合头寸管理的；

（五）违反外汇市场交易管理的。

第四十八条　有下列情形之一的，由外汇管理机关责令改正，给予警告，对机构可以处 30 万元以下的罚款，对个人可以处 5 万元以下的罚款：

（一）未按照规定进行国际收支统计申报的；

（二）未按照规定报送财务会计报告、统计报表等资料的；

（三）未按照规定提交有效单证或者提交的单证不真实的；

（四）违反外汇账户管理规定的；

（五）违反外汇登记管理规定的；

（六）拒绝、阻碍外汇管理机关依法进行监督检查或者调查的。

第四十九条　境内机构违反外汇管理规定的，除依照本条例给予处罚外，对直接负责的主管人员和其他直接责任人员，应当给予处分；对金融机构负有直接责任的董事、监事、高级管理人员和其他直接责任人员给予警告，处 5 万元以上 50 万元以下的罚款；构成犯罪的，依法追究刑事责任。

第五十条　外汇管理机关工作人员徇私舞弊、滥用职权、玩忽职守，构成犯罪的，依法追究刑事责任；尚不构成犯罪的，依法给予处分。

第五十一条　当事人对外汇管理机关作出的具体行政行为不服的，可以依法申请行政复议；对行政复议决定仍不服的，可以依法向人民法院提起行政诉讼。

第五十二条　本条例下列用语的含义：

（一）境内机构，是指中华人民共和国境内的国家机关、企业、事业单位、社会团体、部队等，外国驻华外交领事机构和国际组织驻华代表机构除外。

（二）境内个人，是指中国公民和在中华人民共和国境内连续居住满 1 年的外国人，外国驻华外交人员和国际组织驻华代表除外。

（三）经常项目，是指国际收支中涉及货物、服务、收益及经常转移的交易项目等。

（四）资本项目，是指国际收支中引起对外资产和负债水平发生变化的交易项目，包括资本转移、直接投资、证券投资、衍生产品及贷款等。

第五十三条 非金融机构经营结汇、售汇业务，应当由国务院外汇管理部门批准，具体管理办法由国务院外汇管理部门另行制定。

（四）《关于骗购外汇、非法套汇、逃汇、非法买卖外汇等违反外汇管理规定行为的行政处分或者纪律处分暂行规定》（2011 年 1 月 8 日修订）

第六条 经批准经营外汇业务的金融机构、国有外经贸企业的工作人员，有下列逃汇行为之一，数额不满 10 万美元的，给予撤职处分；数额在 10 万美元以上不满 100 万美元的，给予留用察看处分；数额在 100 万美元以上的，给予开除处分。

（一）违反国家规定，擅自将外汇存放在境外的；

（二）不按照国家规定将外汇卖给外汇指定银行的；

（三）违反国家规定将外汇汇出或者携带出境的；

（四）未经外汇管理部门批准，擅自将外币存款凭证、外币有价证券携带或者邮寄出境的；

（五）明知用于逃汇而提供人民币资金或者其他服务的；

（六）以其他方式逃汇的。

单位有前款行为之一的，对负有直接责任的主管人员和其他直接责任人员，依照前款规定给予纪律处分。

（五）《个人外汇管理办法》（2006 年 12 月 25 日公布）

第七条 银行和个人在办理个人外汇业务时，应当遵守本办法的相关规定，不得以分拆等方式逃避限额监管，也不得使用虚假商业单据或者凭证逃避真实性管理。

（六）《最高人民检察院、公安部关于公安机关管辖的刑事案件立案追诉标准的规定（二）》（2022 年 4 月 6 日公布）

第四十一条 〔逃汇案（刑法第一百九十条）〕公司、企业或者其他单位，违反国家规定，擅自将外汇存放境外，或者将境内的外汇非法转移到境外，单笔在二百万美元以上或者累计数额在五百万美元以上的，应予立案追诉。

二、构成要件

（一）犯罪客体

本罪的犯罪客体是国家对外汇的管理制度。根据《中华人民共和国外汇管理条例》第三条的规定，外汇是指以外币表示的，可以用作国际清偿的支付手段和资产，具体包括：外币现钞（包括纸币、铸币）；外币支付凭证或支付工具（包括票据、银行存款凭证、银行卡等）；外币有价证券（包括债券、股票等）；特别提款权；其他外汇资产。

（二）客观方面

本罪的客观方面主要包括以下三个要素：（1）违反国家规定，擅自将外汇存放境外；（2）将境内的外汇非法转移到境外；（3）数额较大。根据法条的表述，比较本罪的两种行为方式，可以看出“擅自将外汇存放境外”的行为要求的前提为“违反国家规定”，而将“境内的外汇转移到境外”的行为只有“非法”的要求。结合《刑法》的规定，采用体系解释，可以得出“非法”的前置法范围会比“违反国家规定”更大的结论。

首先，第一种行为方式为违反国家规定，擅自将外汇存放境外。该行为方式有两个条件：一是要求违反国家规定。关于违反国家规定，根据《刑法》第九十六条的规定，是指违反全国人民代表大会及其常务委员会制定的法律和决定，国务院制定的行政法规、规定的行政措施、发布的决定和命令。可见构成第一种行为，要求制定国家规定的主体限于全国人民代表大会及其常务委员会和国务院。因此，限于该条款规定，某些部门规章、细则及办法等不能作为直接认定本罪的依据，如《个人外汇管理办法》等。然而，实际上这些部门规章等规定对犯罪行为认定反而提供了更为具体的标准，所以这些规定对认定本罪依然具有较大的参考价值。二是要求擅自将外汇存放境外。结合《关于骗购外汇、非法套汇、逃汇、非法买卖外汇等违反外汇管理规定行为的行政处分或者纪律处分暂行规定》（以下简称《暂行规定》）第六条之规定，所谓“擅自”是指“未经外汇管理部门批准”；所谓“存放”，实务中一般认为不局限于常见的存储与寄存，还包括将原本应当调回境内的外汇在境外用作投资等，是一种未转移回境内的客观事实状态。

其次，第二种行为方式为将境内的外汇非法转移到境外。此处“非法”的违法范围既包括《刑法》第九十六条规定的全国人大及其常务委员会和国务院制定的规定，又包括部门规章等相关规定。另外，相比于第一种行为方式，该行为方式是将原本存放在国内的外汇转移到境外。而所谓“转移”，根据《暂行规定》第六条，是指将外币存款凭证、外币有价证券携带或者邮寄出境的行为。

最后，本罪的构成还需要达到“数额较大”的标准。根据《最高人民检察院、公安部关于公安机关管辖的刑事案件立案追诉标准的规定（二）》第四十一条之规定，违反国家规定，擅自将外汇存放至境外或者将境内的外汇非法转移到境外，单笔在200万美元以上或者累计数额在500万美元以上的，应予立案追诉。

（三）犯罪主体

在主体上，只有单位才能构成本罪，即公司、企业或其他单位。本罪是现行刑法中为数不多的纯正的单位犯罪之一。1997年《刑法》规定本罪的主体只能为国有单位，但如前所述，《全国人民代表大会常务委员会关于惩治骗购外汇、逃汇和非法买卖外汇犯罪的决定》将本条已做了相应修改，对主体范围作了扩充，所以现在所有的单位都可以构成本罪。

（四）主观方面

本罪在主观方面只能由故意构成，但并不以牟利为目的。行为人必须认识到自己的行为是在逃汇，此种认识[①]只需要行为人认识到自己的行为违法即可，无须对逃汇的具体法规有深刻的了解。

三、典型案例

案例1 王某某、上海某某实业有限公司逃汇案[②]

（一）基本案情

2012年8月至2013年4月，被告人王某某在经营上海某实业有限公司（以下简称某公司）期间，为赚取人民币定期存款利息（人民币定期存款利率为2.8%~3.3%）与外汇贷款资金成本（外汇贷款利率为1%~3%）之间的利差，虚构转口贸易背景，以虚假的销售合同、货物装箱单、货物提单等材料向银行申请外汇贷款；同时，被告人王某某向他人借款、借用银票等，用于向银行支付保证金、提供银票质押（保证金或银票金额等额于贷款金额）等，为外汇贷款提供担保，其中保证金存入银行的保证金账户，利息按定期存款利率计算。

银行在审核王某某提供的某公司的上述贸易资料后，即以“转口贸易”形式将外汇资金电汇至王某某控制的6家境外公司开设在汇丰银行（香港）的账户，之后某公司又以转口收汇形式收到王某某控制的境外公司银行账户电汇划入境内的外汇资金，某公司将大部分外汇资金结汇人民币后用于归还保证金借款、银票，或作为保证金再向银行申请外汇贷款。

银行外汇贷款到期后，某公司的保证金账户被启封，同时银行向某公司支付相应的保证金利息，某公司归还给银行外汇贷款等额的人民币资金及贷款利息、手续费等，或银行直接从某公司保证金账户内扣划外汇贷款本息，某公司据此获取了人民币定期存款利息收入与外汇贷款成本之间的利差部分。其间，被告人王某某以某公司名义通过上述方式或办理进口押汇先后从7家国内银行获取外汇融资资金76笔，金额累计为29,493.11万美元（折合人民

① 要求行为人对本罪的构成要件事实有认识，包括对犯罪对象、行为性质、客观要件、因果关系等的认识。

② 参见上海市第一中级人民法院（2015）沪一中刑终字第285号二审刑事裁定书。

币 181,885.17 万元），均以转口贸易名义汇入某控制的境外公司银行账户。

（二）法院认定及处理

原审法院认为，被告单位某公司虚构转口贸易，致使境内外汇被非法转移至境外，其中某公司涉及金额为2.9亿余美元，数额巨大，构成逃汇罪；被告人王某某系被告单位某公司直接负责的主管人员，其行为构成逃汇罪。被告人王某某到案后能如实供述犯罪事实，对被告人王某某及被告单位均依法从轻处罚；被告单位的相关银行账户被冻结，被告人王某某也当庭表示愿意退缴违法所得，对被告人及被告单位再酌情从轻处罚。据此，依据《刑法》第一百九十条、第六十七条第三款、第六十四条、第五十三条之规定，对被告单位某公司以逃汇罪，判处罚金人民币9100万元；对被告人王某某以逃汇罪，判处有期徒刑5年6个月；被告单位违法所得的钱款予以追缴或责令退赔后，予以没收。原审被告人王某某不服，提出上诉。二审法院经过审理裁定驳回上诉，维持原判。

案例2 浙江顶某出口有限公司、台州市天某贸易有限公司、项某某逃汇案①

（一）基本案情

2015年4~7月，被告人项某某在经营浙江顶某进出口有限公司、台州市天某贸易有限公司期间，获知在转口贸易中，国内银行开具的境外银行的保函，可以在境外银行贷款（融资），但贷款利息较低，在境外贷款后将外汇兑换成人民币转回境内，再将人民币在银行做大额存单，该利息高于境外银行的外汇贷款利息。另外，在国内银行存入人民币保证金后，可将保证金办理成美元掉期业务，以美元存单的形式质押给银行，银行支付一定利息，且利息可以前置，从而减少存入的人民币保证金数额。项某某为谋取上述利息差，以支付相应报酬的形式借用他人的真实提单，虚构转口贸易背景，指使公司

① 参见浙江省台州市椒江区人民法院（2018）浙1002刑初302号一审刑事判决书。

员工制作虚假的贸易合同等资料，以存入保证金、定期存单质押等方式向兴某银行股份有限公司台州分行（以下简称兴某银行）申请保函，保函的受益人均为项某某实际控制的境外公司。兴某银行收到保证金后将保函开到台新国际商业银行（以下简称台新银行），项某某以受益公司的名义到台新银行申请美元贷款，再将美元兑换成人民币，又通过转口贸易收款的形式将人民币转回境内公司，再用于购买大额存单。后由于人民币贬值等原因，项某某没有偿还到期的 6 笔境外美元贷款，致使兴某银行将 3501.97 万美元还贷给台新银行，造成国家外汇 3501.97 万美元流到境外。

（二）法院认定及处理

法院认为，被告单位浙江顶某进出口有限公司、台州市天某贸易有限公司虚构转口贸易，致使境内外汇被非法转移至境外，其中被告单位浙江顶某进出口有限公司涉案金额 2701.97 万美元，被告单位台州市天某贸易有限公司涉案金额 800 万美元，均属数额较大，被告单位浙江顶某进出口有限公司、台州市天某贸易有限公司均构成逃汇罪；被告人项某某系二公司的实际控制人，对公司业务全面负责，涉案金额 3501.91 万美元，属数额较大，其行为已构成逃汇罪。被告人项某某到案后如实供述公安机关尚未掌握的其他犯罪事实，被告单位浙江顶某进出口有限公司、台州市天某贸易有限公司、被告人项某某均构成自首，予以从轻处罚。被告人项某某到案后有检举揭发他人犯罪行为，查证属实，具有立功表现，予以从轻处罚。被告人项某某要求从宽处理；辩护人辩称被告人项某某是初犯、具有自首、立功情节、确有悔改表现，请求从轻处罚并适用缓刑，法院审理认为，所辩属实，予以采纳。究其犯罪情节和悔罪表现，对被告人项某某予以适用缓刑。为了维护市场经济秩序，依照《刑法》（2017 年）第一百九十条、第三十条、第三十一条、第六十七条第二款、第六十八条、第七十二条第一款及第七十三条第二、三款之规定，判决如下：

被告单位浙江顶某进出口有限公司犯逃汇罪，判处罚金人民币 930 万元（罚金已缴纳）。被告单位台州市天某贸易有限公司犯逃汇罪，判处罚金人民币 280 万元（罚金已缴纳）。被告人项某某犯逃汇罪，判处有期徒刑 1 年，缓刑 1 年 6 个月。缓刑考验期限，从判决确定之日起计算。后被告人及被告单位未提出上诉，公诉机关亦未提出抗诉，一审判决生效。

案例3 李某逃汇案[①]

（一）基本案情

2015年3月，被告人李某为赚取人民币存款与外汇贷款资金成本之间的汇率差，利用其实际控制的上海某国际物流有限公司、香港某国际贸易有限公司及某国际（香港）有限公司，使用虚假的销售合同、商业发票、货物提单等材料，虚构转口贸易背景向宁波银行股份有限公司（以下简称宁波银行）申请外汇贷款，同时向银行支付了等额人民币作为担保，后宁波银行将1000万余欧元汇入香港某国际贸易有限公司的账户。因汇率波动，被告人李某未按期结汇，直至2016年12月才完成结汇。

（二）法院认定及处理

被告人李某作为上海某国际物流有限公司直接负责的主管人员，将境内的外汇非法转移到境外，数额较大，其行为已构成逃汇罪。上海市虹桥区人民检察院指控被告人李某犯逃汇罪罪名成立。本案系单位犯罪。被告人李某到案后能如实供述自己的罪行，且能自愿认罪认罚，确有悔罪表现，可以从轻处罚并适用缓刑。关于公诉机关提出的量刑建议，法院予以采纳。为了维护社会主义市场经济秩序，保护金融管理秩序，依照《刑法》第一百九十条、第三十条、第三十一条、第六十七条第三款、第七十二条第一款及《刑事诉讼法》第十五条之规定，判决如下：被告人李某犯逃汇罪，判处有期徒刑3年，缓刑3年。缓刑考验期限，从判决确定之日起计算。后被告人及被告单位未提出上诉，公诉机关亦未提出抗诉，一审判决生效。

① 参见上海市虹桥区人民法院（2020）沪0109刑初986号一审刑事判决书。

四、相关问题与法理分析

（一）本罪与骗购外汇罪的关系

虽然两罪在构成要件方面比较相似，但进行具体分析仍存在较大的差异。首先是主体差异，前者只能是单位，后者既可以是单位也可以是自然人。其次是客体和犯罪对象有些许差异，前者主要涉及国家对外出境等方面的管理规定，后者则涉及有关结、售汇规定。犯罪对象前者是行为人自己所拥有的外汇，后者的对象是指定银行的外汇。此外，在罪数问题上，一般认为如果行为人实施了两罪的具体行为，那么二者之间是手段和目的的牵连关系，因此应择一重罪处罚。最后，从量刑来看，由于结合二者的案发数量和补救难易程度，可以反映出骗购外汇罪的社会危害性高于逃汇罪，所以对比两者的法条可以知晓，后者的量刑档次有数额较大、数额巨大及数额特别巨大三档，最高可达无期徒刑，而前者量刑的档次仅有数额较大和数额巨大两档，且最高为15年有期徒刑。

（二）本罪与走私罪的关系

逃汇罪与走私罪都存在可能导致国家外汇收入受损的风险。在主体上，逃汇罪的主体是单位，而走私罪的主体包括自然人和单位；在客体上，逃汇罪侵犯的客体是国家外汇管理制度，其与进出口贸易及其关税无关，走私罪侵犯的客体是对外贸易管理制度，其与进出口贸易及其关税有关。在界定逃汇罪与走私罪时，存在的争议是外汇能否作为走私罪的对象。若持肯定态度，自然人将外汇非法携带出境，则构成走私罪；单位将外汇非法携带出境，同时构成逃汇罪与走私罪，想象竞合择一重罪处罚。若持否定态度，自然人将外汇非法携带出境，那么既无法构成走私罪，也无法构成逃汇罪；单位将外汇非法携带出境，构成逃汇罪。

对此，本书赞同认定外汇能够作为走私罪对象的观点。因为海关总署在1952年的《海关总署关于逃汇套汇案件应作为走私案件处理核示应行注意各点的命令》中规定，逃汇、套汇无论采取何种方式，均作为走私案件处理。由此可见，除了投机倒把罪之外，立法者早期确实也曾将逃汇行为作为走私犯罪进行规制。虽然 1997 年《刑法》将走私罪和逃汇罪列为独立罪名，理论上一般认为逃汇罪的客体，即外汇管理制度是对外贸进行管理的规定之一。[①] 换言之，二者的客体有一定的关联性，并且如前所述，两罪都具有导致国家外汇收入受损的风险。据此，笔者认为走私罪的对象可以包括外汇，否则在不构成单位犯罪的情况下，自然人走私外汇的行为无法受到刑法规制。

（三）本罪与隐瞒境外存款罪的关系

逃汇罪与隐瞒境外存款罪在客体上都侵犯了我国的外汇管理制度，但不同的是隐瞒境外存款罪的客体还包括国家工作人员的境外存款申报制度。在主体上，逃汇罪的主体是单位，隐瞒境外存款罪的主体是国家工作人员。在逃汇罪中，将外汇存放境外的行为本身是非法的，而在隐瞒境外存款罪中，将外汇存放境外的行为本身可能是合法的，其非法性在于隐瞒不报。

---

① 参见刘宪权：《金融犯罪刑法学原理》（第 3 版），上海人民出版社 2023 年版，第 417 页。

第十二章　洗钱罪

洗钱罪在我国的设定可以溯源自1990年《关于禁毒的决定》，该决定第四条将“掩饰、隐瞒出售毒品获得财物的非法性质和来源的”行为纳入刑事处罚的范畴。1997年《刑法》则进一步明确“洗钱罪”这一概念，直译自英文“money laundering”，意为将“脏钱”采用合法化的方式清洗干净。随着国际社会加深推进反恐怖主义及反腐败的趋势，我国又在《刑法修正案（三）》及《刑法修正案（六）》中对洗钱罪的上游犯罪进行了扩大化规定。2006年的《反洗钱法》与《刑法》共同组成了我国的反洗钱主要法律体系。基于司法实践对打击跨境洗钱行为的需要，2021年的《刑法修正案（十一）》再一次对洗钱罪进行以下三个方面的修正：（1）删除了行为方式中对“协助”的要求，将自洗钱行为纳入洗钱罪的范畴，并且对各种行为方式进行了扩大化适用；（2）从法条表述上看，删除了“明知”的要件；（3）取消了罚金的比例限额规定，给予了法官更大的自由裁量权。

从法条表述上看，洗钱罪经《刑法修正案（十一）》的修改，取消了对行为人“明知”的要求。但是，由于洗钱罪与掩饰、隐瞒犯罪所得、犯罪所得收益罪存在法条竞合的关系，竞合时应优先适用洗钱罪的规定。两罪的主要区别在于上游犯罪的类型以及主观明知内容的不同。洗钱罪的上游犯罪应为《刑法》第一百九十一条规定的7类特殊犯罪，且要求被告人对上游犯罪的类型存在概括性的明知；而掩饰、隐瞒犯罪所得、犯罪所得收益罪对上游犯罪类型没有要求，主观要件仅要求被告人明知是犯罪所得即可。因此，学界通说认为，实践中区分两罪时应坚持主客观相一致原则，不应忽视洗钱罪的主观方面，在适用时还是应当认定洗钱罪的构成要求主观上具有“明知”。[①]

一、相关法律规定

（一）《刑法》（2023 年修正）

第一百九十一条　为掩饰、隐瞒毒品犯罪、黑社会性质的组织犯罪、恐怖活动犯罪、走私犯罪、贪污贿赂犯罪、破坏金融管理秩序犯罪、金融诈骗犯罪的所得及其产生的收益的来源和性质，有下列行为之一的，没收实施以上犯罪的所得及其产生的收益，处五年以下有期徒刑或者拘役，并处或者单处罚金；情节严重的，处五年以上十年以下有期徒刑，并处罚金：

（一）提供资金帐户的；

（二）将财产转换为现金、金融票据、有价证券的；

（三）通过转帐或者其他支付结算方式转移资金的；

（四）跨境转移资产的；

（五）以其他方法掩饰、隐瞒犯罪所得及其收益的来源和性质的。

单位犯前款罪的，对单位判处罚金，并对其直接负责的主管人员和其他直接责任人员，依照前款的规定处罚。

（二）《最高人民法院关于审理洗钱等刑事案件具体应用法律若干问题的解释》（2009 年 11 月 4 日公布）

为依法惩治洗钱，掩饰、隐瞒犯罪所得、犯罪所得收益，资助恐怖活动等犯罪活动，根据刑法有关规定，现就审理此类刑事案件具体应用法律的若干问题解释如下：

第一条　刑法第一百九十一条、第三百一十二条规定的“明知”，应当结合被告人的认知能力，接触他人犯罪所得及其收益的情况，犯罪所得及其收益的种类、数额，犯罪所得及其收益的转换、转移方式以及被告人的供述等

---

① 参见吴晓蓉、赵铖柯：《洗钱罪与掩饰、隐瞒犯罪所得、犯罪所得收益罪的区分》，载《人民司法》2022 年第 20 期。类似观点还可参见王新：《洗钱罪的司法认定难点》，载《国家检察官学院学报》2022 年第 6 期。

主、客观因素进行认定。

具有下列情形之一的，可以认定被告人明知系犯罪所得及其收益，但有证据证明确实不知道的除外：

（一）知道他人从事犯罪活动，协助转换或者转移财物的；

（二）没有正当理由，通过非法途径协助转换或者转移财物的；

（三）没有正当理由，以明显低于市场的价格收购财物的；

（四）没有正当理由，协助转换或者转移财物，收取明显高于市场的“手续费”的；

（五）没有正当理由，协助他人将巨额现金散存于多个银行账户或者在不同银行账户之间频繁划转的；

（六）协助近亲属或者其他关系密切的人转换或者转移与其职业或者财产状况明显不符的财物的；

（七）其他可以认定行为人明知的情形。

被告人将刑法第一百九十一条规定的某一上游犯罪的犯罪所得及其收益误认为刑法第一百九十一条规定的上游犯罪范围内的其他犯罪所得及其收益的，不影响刑法第一百九十一条规定的“明知”的认定。

第二条　具有下列情形之一的，可以认定为刑法第一百九十一条第一款第（五）项规定的“以其他方法掩饰、隐瞒犯罪所得及其收益的来源和性质”：

（一）通过典当、租赁、买卖、投资等方式，协助转移、转换犯罪所得及其收益的；

（二）通过与商场、饭店、娱乐场所等现金密集型场所的经营收入相混合的方式，协助转移、转换犯罪所得及其收益的；

（三）通过虚构交易、虚设债权债务、虚假担保、虚报收入等方式，协助将犯罪所得及其收益转换为“合法”财物的；

（四）通过买卖彩票、奖券等方式，协助转换犯罪所得及其收益的；

（五）通过赌博方式，协助将犯罪所得及其收益转换为赌博收益的；

（六）协助将犯罪所得及其收益携带、运输或者邮寄出入境的；

（七）通过前述规定以外的方式协助转移、转换犯罪所得及其收益的。

第三条　明知是犯罪所得及其产生的收益而予以掩饰、隐瞒，构成刑法

第三百一十二条规定的犯罪，同时又构成刑法第一百九十一条或者第三百四十九条规定的犯罪的，依照处罚较重的规定定罪处罚。

第四条　刑法第一百九十一条、第三百一十二条、第三百四十九条规定的犯罪，应当以上游犯罪事实成立为认定前提。上游犯罪尚未依法裁判，但查证属实的，不影响刑法第一百九十一条、第三百一十二条、第三百四十九条规定的犯罪的审判。

上游犯罪事实可以确认，因行为人死亡等原因依法不予追究刑事责任的，不影响刑法第一百九十一条、第三百一十二条、第三百四十九条规定的犯罪的认定。

上游犯罪事实可以确认，依法以其他罪名定罪处罚的，不影响刑法第一百九十一条、第三百一十二条、第三百四十九条规定的犯罪的认定。

本条所称"上游犯罪"，是指产生刑法第一百九十一条、第三百一十二条、第三百四十九条规定的犯罪所得及其收益的各种犯罪行为。

第五条　刑法第一百二十条之一规定的"资助"，是指为恐怖活动组织或者实施恐怖活动的个人筹集、提供经费、物资或者提供场所以及其他物质便利的行为。

刑法第一百二十条之一规定的"实施恐怖活动的个人"，包括预谋实施、准备实施和实际实施恐怖活动的个人。

二、构成要件

（一）犯罪客体

本罪所侵害的是复杂客体，既侵犯了金融秩序，又侵犯了社会经济管理秩序，还侵犯了国家正常的金融管理活动及外汇管理的相关规定。

此外，洗钱罪所"洗"的对象，是上游行为人实施 7 类上游犯罪的犯罪所得及其产生的收益。洗钱行为与上游犯罪是相关联的，洗钱行为与上游犯罪应具有流程上的因果性。对上游犯罪的认定，分为以下几种。

1. 毒品犯罪：是指我国刑法分则第六章第七节规定的走私、贩卖、运输、制造毒品罪，主要涉及以下罪名：（1）走私、贩卖、运输、制造毒品罪；（2）非法持有毒品罪；（3）包庇毒品犯罪分子罪；（4）窝藏、转移、隐瞒毒品罪、毒赃罪；（5）非法生产、买卖、运输制毒物品罪；（6）走私制毒物品罪；（7）非法种植毒品原植物罪；（8）非法买卖、运输、携带、持有毒品原植物种子、幼苗罪；（9）引诱、教唆、欺骗他人吸毒罪；（10）强迫他人吸毒罪；（11）容留他人吸毒罪；（12）非法提供麻醉药品、精神药品罪。

2. 黑社会性质的组织犯罪：黑社会性质的组织犯罪，相比于认为其是指刑法规定的组织、领导、参加黑社会性质组织罪，入境发展黑社会组织罪，包庇、纵容黑社会性质组织罪，理论上更倾向于认为其是指以黑社会性质组织的形式所犯的所有罪名，包括盗窃、抢劫、敲诈勒索等各种犯罪。

3. 恐怖活动组织犯罪：恐怖活动犯罪相比于认为其是指组织、领导、参加恐怖组织罪，理论上更倾向于认为其是指以恐怖活动组织的形式所犯的所有罪名。

4. 走私犯罪：是指我国刑法分则第三章第二节规定的走私罪，主要涉及以下罪名：（1）走私武器、弹药罪；（2）走私核材料罪；（3）走私假币罪；（4）走私文物罪；（5）走私贵重金属罪；（6）走私珍贵动物、珍贵动物制品罪；（7）走私国家禁止进出口的货物、物品罪；（8）走私淫秽物品罪；（9）走私普通货物、物品罪；（10）走私废物罪。

5. 贪污贿赂犯罪：是指我国刑法分则第八章规定的贪污贿赂罪，主要涉及以下罪名：（1）贪污罪；（2）挪用公款罪；（3）受贿罪；（4）单位受贿罪；（5）行贿罪；（6）对单位行贿罪；（7）介绍贿赂罪；（8）单位行贿罪；（9）巨额财产来源不明罪；（10）隐瞒境外存款罪；（11）私分国有资产罪；（12）私分罚没财物罪。

6. 破坏金融管理秩序犯罪：是指我国刑法分则第三章第四节规定的破坏金融管理秩序罪，但洗钱罪本身除外，主要涉及以下罪名：（1）伪造货币罪；（2）出售、购买、运输假币罪；（3）金融工作人员购买假币、以假币换取货币罪；（4）持有、使用假币罪；（5）变造货币罪；（6）擅自设立金融机构罪；（7）伪造、变造、转让金融机构经营许可证、批准文件罪；（8）高利转贷罪；（9）骗取贷款、票据承兑、金融票证罪；（10）非法吸收公众存款罪；（11）伪造、变造金融票证罪；（12）妨害信用卡管理罪；（13）窃取、收买、非法提供信用卡信息罪；（14）伪造、变造国家有价证券罪；（15）伪造、变造股票、公司、企业债券罪；（16）擅自发行股票、公司、企业债券罪；（17）内幕交易、泄露内幕信息罪；（18）编造并传播证券、期货交易虚假信息罪；（19）诱骗投资者买卖证券、期货合约罪；（20）操纵证券、期货市场罪；（21）背信运用受托财产罪；（22）违法运用资金罪；（23）违法发放贷款罪；（24）吸收客户资金不入账罪；（25）违规出具金融票证罪；（26）对违法票据承兑、付款、保证罪；（27）逃汇罪。

7. 金融诈骗犯罪：是指我国刑法分则第三章第五节规定的金融诈骗罪，主要涉及以下罪名：（1）集资诈骗罪；（2）贷款诈骗罪；（3）票据诈骗罪；（4）金融凭证诈骗罪；（5）信用证诈骗罪；（6）信用卡诈骗罪；（7）有价证券诈骗罪；（8）保险诈骗罪。

（二）客观方面

本罪在客观方面主要表现为以下几种形式：提供资金账户的；将财产转换为现金、金融票据、有价证券的；通过转账或者其他支付结算方式转移资金的；跨境转移资产的；以其他方法掩饰、隐瞒犯罪所得及其收益的来源和性质的。

第一，提供资金账户，是指为犯罪分子提供银行或者其他金融机构的账户编号，为其转移非法资金提供便利条件的行为。既包括将现有的资金账户提供给犯罪人使用，也包括专门为犯罪人开设资金账户。所谓“资金账户”，既包括银行的存款账户、储蓄账户，也包括银行的信用卡账户、外汇账户，还包括其他金融机构，如证券公司的股票交易账户、期货公司的期货交易账户等。当然，对“提供资金账户”的行为性质存在不同观点，例如，有观点认为，单纯提供资金账户的行为未造成资金流向的断点，不属于洗钱罪条文定义的洗钱行为，不成立洗钱罪；也有观点认为，行为人在提供资金账户的同时都会提供账户密码甚至U盾等，其必然对上述资金账户将用于收取犯罪所得后转移赃款有认识，若客观上收卡方实施了后续的洗钱行为，后续产生的掩饰、隐瞒犯罪所得的效果也应归属于售卡人，其行为构成洗钱行为。①

第二，将财产转换为现金、金融票据、有价证券，是指协助犯罪分子将

---

① 参见李光林、陶维俊：《提供资金账户式洗钱行为的司法认定》，载《检察日报》2021年7月23日，第3版。

犯罪所得的财产通过交易的方式转换为现金或者汇票、本票、支票等金融票据或者股票、债券、邮票等有价证券的行为。但是在贪污受贿的案件中，将贪污受贿的资金转换为房产和存款或银行理财产品的情形较为多见。

第三，通过转账或者其他支付结算方式将资金转移，是指利用支票、本票、汇票等金融票据，或者利用汇兑、委托收款以及电子资金划拨等方法将犯罪分子的犯罪所得及其收益从一个账户转到另一个账户的行为。《刑法修正案（十一）》对此进行了修改，一是将原先的“协助”删去，二是将“结算方式”改为“支付结算方式”。一方面，删除“协助”是扩大了入罪的主体范围，如今自洗钱行为也可入罪；另一方面，将“结算方式”改为“支付结算方式”，则是进一步完善了对洗钱行为方式的打击，实现了对地下钱庄支付结算洗钱这种行为方式的入罪涵盖。

第四，《刑法修正案十一》将原洗钱罪第四种洗钱方式“协助将资金汇往境外”，修改为“跨境转移资产”。该修改体现了两个变化。一是将“资金”改为“资产”，扩大了打击面。将“资金”改为“资产”后，原来不能作为打击目标的非货币类资产也将纳入打击范围中。二是在手段上将“汇往境外”改为“跨境转移”，使资金转移变为双向，即将非法资产从境外转移到境内，也属于洗钱行为。从资金转移的方式上看，“汇往”指通过金融机构进行资金的转移，而“转移”所包括的行为方式就更加多样，不仅包括汇款，还包括国际运输等途径。①

第五，“以其他方法掩饰、隐瞒犯罪所得及其收益的来源和性质”的认定，这是一个兜底性的条款，是指将犯罪所得投资于各种行业进行合法经营，将非法获得的收入注入合法收入的，或者用犯罪所得购买不动产等各种手段，掩饰、隐瞒犯罪所得及其收益的来源和性质。除了刑法规定的典型洗钱行为之外，根据《最高人民法院关于审理洗钱等刑事案件具体应用法律若干问题的解释》，具有以下情形的，可认定为“以其他方法掩饰、隐瞒犯罪所得及其收益的来源和性质”：通过典当、租赁、买卖、投资等方式，协助转移、转换犯罪所得及其收益的；通过与商场、饭店、娱乐场所等现金密集型场所的经

---

① 参见王新：《〈刑法修正案（十一）〉对洗钱罪的立法发展和辐射影响》，载《中国刑事法杂志》2021 年第 2 期。

营收入相混合的方式，协助转移、转换犯罪所得及其收益的；通过虚构交易、虚设债权债务、虚假担保、虚报收入等方式，协助将犯罪所得及其收益转换为“合法”财物的；通过买卖彩票、奖券等方式，协助转换犯罪所得及其收益的；通过赌博方式，协助将犯罪所得及其收益转换为赌博收益的；协助将犯罪所得及其收益携带、运输或者邮寄出入境的；通过前述规定以外的方式协助转移、转换犯罪所得及其收益的。

（三）犯罪主体

本罪的犯罪主体可以是自然人和单位，值得注意的是，在《刑法修正案（十一）》出台之前，学界普遍认为洗钱罪的主体应只限定为事后协助者，排除了自洗钱的情形。修改后实现了自洗钱入罪，在此基础上限定了自洗钱的行为对象来自上游严重犯罪行为，因此上游犯罪的行为人同样也被纳入洗钱罪的主体范畴。

（四）主观方面

本罪的主观方面为故意，且要求被告人对上游犯罪的类型存在概括性的明知。对于本罪中“明知”的认定，根据《最高人民法院关于审理洗钱等刑事案件具体应用法律若干问题的解释》的规定，是否“明知”应当结合被告人的认知能力，接触他人犯罪所得及其收益的情况，犯罪所得及其收益的种类、数额，犯罪所得及其收益的转换、转移方式以及被告人的供述等主、客观因素进行认定。

一般来说，具有下列情形之一的，可以认定被告人明知系犯罪所得及其收益，但有证据证明确实不知道的除外：知道他人从事犯罪活动，协助转换或者转移财物的；没有正当理由，通过非法途径协助转换或者转移财物的；没有正当理由，以明显低于市场的价格收购财物的；没有正当理由，协助转换或者转移财物，收取明显高于市场的“手续费”的；没有正当理由，协助他人将巨额现金散存于多个银行账户或者在不同银行账户之间频繁划转的；协助近亲属或者其他关系密切的人转换或者转移与其职业或者财产状况明显不符的财物的；其他可以认定行为人明知的情形。

三、典型案例

案例 1 潘某某等洗钱案①

（一）基本案情

被告人潘某某于2006年7月初，通过张某某（另案处理）的介绍和阿元（另案处理）取得联系，商定由被告人潘某某通过银行卡转账的方式为阿元转移从网上银行诈骗的钱款，被告人潘某某按转移钱款数额10%的比例收取提成。嗣后，被告人潘某某纠集了被告人祝某某、李某某、龚某，并通过杜某收集陈某、董某某、宋某某、孙某某等多人的身份证，由杜某到本市有关银行办理了大量信用卡交给被告人潘某某、祝某某。由阿元通过非法手段获取网上银行客户黄某某、芦某、姜某、陈某等多人的中国工商银行牡丹灵通卡卡号和密码等资料，然后将资金划入被告人潘某某通过杜某某办理的中国工商银行上海分行的67张牡丹灵通卡内，并通知被告人潘某某取款。阿元划入上述67张牡丹灵通卡内共计人民币1,002,438.11元，这些信用卡还被通过汇款的方式注入资金人民币171,826元。被告人潘某某、祝某某、李某某、龚某于2006年7~8月，在本市使用上述67张牡丹灵通卡和另外27张牡丹灵通卡，通过ATM机提取现金共计人民币1,086,085元，通过柜面提取现金共计人民币73,615元，扣除事先约定的份额，按照阿元的指令，将剩余资金汇入相关账户内。案发后，公安机关追缴赃款共计人民币384,000元。

（二）法院认定及处理

法院认为，被告人潘某某、祝某某、李某某、龚某明知是金融诈骗犯罪的所得，为掩饰、隐瞒其来源和性质，仍提供资金账户并通过转账等方式协助资金转移，其行为构成洗钱罪。公诉机关指控被告人潘某某、祝某某、李某某、龚某犯洗钱罪罪名成立。为维护国家金融管理秩序，依照《刑法》（2006年）第一百九十一条第一款第（一）项、第（三）项，第二十五条第

① 参见肖晚祥、苏敏华：《上游犯罪行为人尚未定罪，如何认定洗钱罪》，载《人民司法·案例》2008年第2期。

一款，第二十六条第一款、第四款，第二十七条及第六十四条之规定，判决如下：(1) 被告人潘某某犯洗钱罪，判处有期徒刑2年，并处罚金人民币6万元；(2) 被告人祝某某犯洗钱罪，判处有期徒刑1年4个月，并处罚金人民币2万元；(3) 被告人李某某犯洗钱罪，判处有期徒刑1年3个月，并处罚金人民币2万元；(4) 被告人龚某犯洗钱罪，判处有期徒刑1年3个月，并处罚金人民币2万元；(5) 追缴的赃款发还给各被害人；(6) 追缴非法所得予以没收；扣押的信用卡、帽子、手机等犯罪工具予以没收。一审宣判后，在法定期限内，被告人未提出上诉，公诉机关亦未提出抗诉，判决发生法律效力。

案例2　袁某某洗钱案①

（一）基本案情

被告人袁某某系袁某（潼南区原副区长，原渝隆集团总经理、董事长，因犯受贿罪已被判刑）的姐姐。2012～2016年，袁某某在其位于重庆市江北区兴隆路的家中，多次收到袁某让其保管的受贿犯罪所得共计370余万元。袁某某在明知资金系袁某贪污贿赂所得的情况下，仍将资金存入自己的银行账户。2012年9月，在袁某的安排下，袁某某以自己的名义用其中的230余万元为袁某某购买位于重庆市九龙坡区陶家镇的常青藤国际社区别墅一套。2016年8月，在袁某的安排下，袁某某以其丈夫贾某的名义用其中的25万余元为袁某某购买大众途观越野车一辆。

（二）法院认定及处理

法院认为，被告人袁某某明知袁某给其的370余万元现金系袁某贪污贿赂犯罪所得，仍将现金存入自己的银行账户，并为掩饰、隐瞒其来源和性质，通过购房和购车协助资金转移，其行为已构成洗钱罪。根据袁某某犯罪的事实、性质、情节、对社会的危害程度和悔罪表现，一审法院于2018年12月

① 参见重庆市江北区人民法院（2018）渝0105刑初1338号一审刑事判决书。

26 日作出判决：被告人袁某某犯洗钱罪，判处有期徒刑 1 年，缓刑 1 年，并处罚金 20 万元。一审宣判后，被告人袁某某未上诉，公诉机关亦未抗诉，判决已经生效。

案例 3 齐某某洗钱案①

（一）基本案情

经审理查明，天津海运职业学院系天津市教育委员会举办成立的事业单位。2015 年 6 月至 2021 年 10 月，孙某（另案处理）任天津海运职业学院国际油轮乘务和旅游管理系主任，负责该系的全面工作。2017 年 7 月至 2022 年 5 月，孙某利用其派遣任职院系学生进行校外实训实习的职务便利，伙同其妻张某（另案处理）多次收受广东省深圳市、福建省福州市及厦门市等地多家酒店的好处费，并为相关酒店谋取利益。

被告人齐某某系张某的老师，其受张某指使，利用实际控制的天津为民企业管理咨询有限公司、天津慧民企业管理咨询有限公司、天津海津教育咨询有限公司以“服务费、管理费”等名义收取上述酒店转账支付的好处费共计人民币 227.7 万余元，掩饰、隐瞒上述钱款的来源和性质。后齐某某在天津市河西区等地将钱款取现交予张某。2022 年 5 月 20 日，被告人齐某某接电话通知后自行到案。本案审理过程中，孙某、张某在另案中退缴了全部受贿所得。

（二）法院认定及处理

法院认为，被告人齐某某明知相关款项系贪污贿赂犯罪所得，仍提供资金账户并帮助取现，掩饰、隐瞒款项的来源和性质，构成洗钱罪，且系情节严重，应予依法惩处。公诉机关的指控成立。齐某某经电话传唤到案，到案后如实供述自己的罪行，系自首，且承认指控的犯罪事实，愿意接受处罚，依法对其减轻处罚。齐某某受他人指使、安排实施本案犯罪行为，酌情对其

① 参见天津市河西区人民法院（2022）津 0103 刑初 551 号一审刑事判决书。

从轻处罚。孙某、张某已退缴由齐某某掩饰、隐瞒的受贿所得，酌情对齐某某从轻处罚。公诉机关的量刑建议适当。依照《刑法》（2020年）第一百九十一条第一款，第六十七条第一款，第七十二条第一款、第三款，第七十三条第二款、第三款，第七十六条；《中华人民共和国刑事诉讼法》第十五条，第二百零一条之规定，判决如下：被告人齐某某犯洗钱罪，判处有期徒刑2年6个月，缓刑3年，并处罚金人民币10万元。在缓刑考验期间，依法实行社区矫正。一审宣判后，被告人齐某某未上诉，公诉机关亦未抗诉，判决已经生效。

四、相关问题与法理分析

（一）本罪的司法适用问题

从司法实践来看，洗钱罪相比于同类罪名，适用偏少，主要有以下4个原因。

第一，洗钱犯罪自身具有复杂性特点。（1）洗钱方式多样化，隐蔽性强。行为人为了将黑钱洗白，往往会运用多种方式掩人耳目，如将违法所得与合法盈利混在一起，而后向税务机关缴纳税款，切断了与上游犯罪间的关系。（2）犯罪分子反侦查意识强。随着经济和科技的发展，犯罪分子发展出多种洗钱工具，以此逃避监管和法律的制裁，如利用金融类公司的金融业务、网络洗钱、空壳公司洗钱、众筹投资项目洗钱等新兴手段洗钱，地下钱庄等专业洗钱产业也更新了洗钱手段，如果没有专业的知识和丰富的反洗钱经验，很难从大量的流水账目中发现洗钱线索。（3）有组织地分工协作。洗钱行为一般分三个处理阶段：处置阶段，离析阶段，融合阶段。各个环节之间分工明确，组织性强，内在的联系不易被发现，以达到隐匿洗钱痕迹的目的，这也使侦查起来具有很大的困难。

第二，反洗钱犯罪线索发现难。反洗钱的最重要突破口就是发现线索，根据我国相关法律规定，线索发现分为四种方式：金融机构排查可疑数据并上报人民银行，人民银行再进行筛查，移送侦查机关；金融机构自行报案；侦查机关自身获得洗钱线索；检察机关在办案环节发现洗钱线索。以上四种方式中，最常见的方式是金融机构向人民银行提交可疑报告，人民银行对此进行筛查，符合条件的就移送给侦查机关。由于洗钱犯罪对金融、财会类专业知识的要求较高，且要从大量的银行流水、转账数据中发现洗钱线索，使侦查、审查环节都面临巨大的压力。

第三，各部门之间要加强有效的联动机制。反洗钱工作涉及部门较多，如金融监管部门、财政部门、税务机关、海关，以及公检法等单位，这就需要各部门职责定位明确，信息高效、透明、共享，建全有效的联动机制，为洗钱线索的进一步发现，反洗钱工作的深入开展提供助力保障。

第四，洗钱犯罪证据认定难。洗钱犯罪证据庞杂且数量庞大，在证据的收集、认定上是公认的难度较大。面对这一“硬骨头”，最高人民法院、最高人民检察院、公安部等高度重视反洗钱工作，多次部署、全力推进，并出台相关司法解释、意见用以指导洗钱案件的办理，即便如此，在实践中，对洗钱犯罪的证据认定仍存在相当的难度。如对证人证言、银行流水、赃款追缴的情况的综合考量分析较少；对证据收集不到位，证明标准把握不够、不同一情况依然存在等。在检察机关的审查环节，承办的检察官能结合证人证言、银行流水、赃款追缴等情况进行综合分析的少，对发现的线索是否构成洗钱犯罪判断不准，并不能从海量的证据中筛查出洗钱线索，缺少提前介入的意识，引导案件侦查水平不高。另一方面，对洗钱案件的证明标准把握不够，如“明知”“掩饰、隐瞒”等证据的证明还存在理解不清的问题，反而导致审查时采用更为严苛的证据标准，转而定性为其他罪名。在审判环节，亦存在因证据标准不同一而将洗钱罪改判为掩饰、隐瞒犯罪所得罪的判决案例。

第五，洗钱罪系列罪名适用难。我国洗钱罪体系包括《刑法》第一百九十一条洗钱罪，《刑法》第三百一十二条掩饰、隐瞒犯罪所得、犯罪所得收益罪、第三百四十九条的窝藏、转移、隐瞒毒赃罪。随着自洗钱的入刑，如何认定自洗钱与上游犯罪之间的罪数关系，是数罪并罚还是从一重罪处理，亟须厘清。这三个法条之间也存在竞合适用关系，同样牵涉从一重还是数罪并罚的问题，若行为人洗钱的对象既有第一百九十一条规定的七大类，又有七大类范围之外的，或行为人不仅有洗钱的行为，还有窝藏转移等“物理行为”，如何定罪处罚？这些在司法实务中也是办理洗钱案件的拦路石，应当进一步仔细分析第一百九十一条与第三百一十二条、第一百九十一条与第三百四十九条之间的关系；同时，最高人民法院于 2021 年 4 月发布《关于修改

〈关于办理掩饰、隐瞒犯罪所得、犯罪所得收益刑事案件使用法律若干问题的解释〉的决定》，删除了该罪的入罪数额规定，引发了理解上的混乱，上述情形都需要司法机关进行进一步的解释、厘清工作。

在上述问题当中，理论界一直对洗钱罪及其他相关罪名的适用问题讨论颇多。因此下文结合《刑法修正案（十一）》的修改，着重对洗钱罪及其他罪名的适用问题展开分析。

（二）自洗钱与上游犯罪的竞合问题

首先，分析罪数问题是判断是否要进行数罪并罚的前提。刑法学界的通说认为，犯罪构成是区分罪数的判断标准，符合一个犯罪构成的是一罪，具备两个以上犯罪构成的为数罪。在自洗钱入罪之后，法定七类上游犯罪与洗钱罪之间，具有各自不同的犯罪构成，故分别成立为数罪。例如，贪污罪的本犯又自己实施洗钱行为，对于此种“自贪自洗”的情形，在符合法定构成要件的情况下，分别构成贪污罪与洗钱罪。此外，罪数形态和数罪并罚是两个既有联系又有区别的理论问题，并非具备数个犯罪构成，就要以数罪处断。如果各复数犯罪构成所触犯的罪名或行为之间具有某种紧密联系，对其数罪并罚则有违罪刑均衡或者禁止重复评价等基本刑法理念。据此，在自洗钱入罪后，对于法定七类上游犯罪与洗钱罪之间的竞合适用，有观点认为，在肯定两者具有数罪关系的前提下，还需进一步确定处断问题，即在实行数罪并罚或者从一重罪处罚中进行抉择。这涉及对其依托理论的认识，包括对法益侵害的全面评价、禁止重复评价原则、事后行为的可罚性、从一重处断原则的理解和具体应用。①

其次，对于自洗钱与上游犯罪的竞合适用，需要辨析洗钱行为的性质，并以此界定自洗钱的构造：（1）法定七类上游犯罪的本犯在实施上游犯罪的过程或者完毕之后，对“黑钱”实施获取、持有、窝藏等后续行为。在这种情形下，法定七类上游犯罪的所得和收益处于上游犯罪实施后的“物理反应”之自然延伸状态，本犯并没有对其实施动态的“漂白”行为，这符合传统赃物罪的特征，属于“不可罚的事后行为”，故不应划入洗钱的范畴，也就谈不

① 参见王新：《自洗钱入罪后的司法适用问题》，载《政治与法律》2021 年第 11 期。

上自洗钱入罪后的竞合适用问题。（2）法定七类上游犯罪的本犯实施上游行为，又对“黑钱”实施动态的“漂白”行为，致使犯罪所得和犯罪收益呈现出“化学反应”，切断了其来源和性质。在这种情形下，本犯的后续行为表现为完全不同于上游犯罪的行为特征，在性质认定上不再是上游犯罪的自然延伸，这已超出传统赃物罪的特征，应定性为洗钱行为，否则会带来自洗钱与上游犯罪的竞合适用问题。

最后，构成洗钱罪要求行为人主观上具有洗钱的目的，不具有洗钱目的的行为不应认定为洗钱罪，而应当认定为其他犯罪。这一定位，虽然短期内可能会降低洗钱罪的打击数量，但能更加有利于洗钱罪犯罪构成的类型化，突显洗钱罪与相关罪名之间的不同，从而区分与类似罪名、上游犯罪共犯之间的界限，最终将更有利于打击洗钱犯罪。明确洗钱罪为目的犯，可以排除一些不构成洗钱犯罪的行为，如纯粹出借银行卡作为犯罪工具收付资金的行为，这种情形下，并未产生明确的洗钱目的，更多的是帮助犯罪、隐匿犯罪行为等。

因此，对自洗钱行为也应如此规制。自洗钱行为人既实施了上游犯罪行为，又有掩饰、隐瞒犯罪所得，认定两个罪名，可能会产生边界划定难题，导致定罪的混乱。只有自洗钱行为人具有明确的洗钱目的和行为，这时对其定罪才不致混淆主行为的犯罪与从行为的洗钱罪。对于什么情形下属于具有洗钱目的，司法机关可以出具司法解释进行具体列举。

（三）本罪其他掩饰、隐瞒犯罪所得类犯罪的竞合问题

行为人在对上游犯罪所得、犯罪所得收益进行掩饰、隐瞒活动时，除了走私犯罪等特殊情况，可能出现同时构成洗钱罪和掩饰、隐瞒犯罪所得、犯罪所得收益罪或者窝藏、转移、隐瞒毒品、毒赃罪的情形。

首先，从量刑上看，洗钱罪的法定刑重于后两个罪名。后两个罪名相比较，窝藏、转移、隐瞒毒品、毒赃罪的法定刑在“情节严重”情形下应当较重，但是在一般情节中，其没有罚金规定，所以两罪的法定刑孰轻孰重难以直接认定。不过，由于窝藏、转移、隐瞒毒品、毒赃罪相对来说是特殊罪名，如果其与掩饰、隐瞒犯罪所得、犯罪所得收益罪存在竞合时，应当按照特殊罪名优于一般罪名的原则，以前者定罪处理。所以，对于掩饰、隐瞒《刑法》

第一百九十一条洗钱罪规定的七类上游犯罪所得及其收益的行为，一般认定为洗钱罪。如果掩饰、隐瞒犯罪所得及其收益的行为不属于《刑法》第一百九十一条规定的五种行为类型，则一般认定为掩饰、隐瞒犯罪所得、犯罪所得收益罪；但是，如果该犯罪所得源于毒品犯罪，则首先要考虑是否符合《刑法》第三百四十九条的规定而认定为窝藏、转移、隐瞒毒品、毒赃罪。

其次，为明确洗钱罪与掩饰隐瞒所得收益罪的界限，还是应当阐明二者在构成要件上的区别。《刑法》第三百一十二条规定的掩饰、隐瞒犯罪所得、犯罪所得收益罪，与《刑法》规定的洗钱罪，两者都属于连累犯的范畴，即行为人明知是犯罪分子的违法所得，事后仍给予犯罪分子某种帮助，因此，两者存在紧密的联系。但是，就具体犯罪构成要件而言，两者也存在以下几个方面的区别：（1）侵犯的客体不同，前者侵犯的是双重客体，其中主要客体是金融管理秩序，从而该罪被归类在“破坏社会主义市场经济秩序罪”中，后者侵犯的是单一客体，即社会管理秩序；（2）行为的对象不同，前者特指毒品犯罪、黑社会性质的组织犯罪、走私犯罪的违法所得及其产生的收益，后者泛指一切犯罪的所得赃物；（3）行为方式不同，前者是指通过某类中介机构隐瞒和掩饰违法所得及其收益的性质和来源，后者则包括窝藏、转移、收购或代为销售赃物 4 种行为。

最后，洗钱罪与窝藏转移隐瞒毒品毒赃罪的界限也应当从构成要件进行分析。《刑法》第三百四十九条规定的窝藏、转移、隐瞒毒品、毒赃罪与《刑法》第一百九十一条规定的洗钱罪，在以下几个方面存在区别：（1）侵犯的客体不同，前者侵犯的是双重客体，其中主要是金融管理秩序，后者侵犯的是单一客体，即社会管理秩序；（2）行为的对象不同，前者指毒品犯罪、黑社会性质的组织犯罪、走私犯罪三大类罪的违法所得及其产生的收益，后者特指走私、贩卖、运输、制造毒品罪的毒品和毒赃；（3）行为方式不同，前者指行为人通过中介机构将有关违法所得及其产生收益的来源和性质加以隐瞒和掩饰，属于狭义上的“洗钱”行为，后者指行为人为走私、贩卖、运输、制造毒品罪的犯罪分子窝藏、转移、隐瞒毒品或者犯罪所得的财物，属于广义上的“洗钱”行为。

后　记

夏末时节，笔耕不辍，春归已至，不禁使人回想起本书撰写的历程。整个过程可概括为三个阶段。

第一阶段，为“忙日苦多闲日少”之时。2023 年 8 月，我们组成撰写团队，并拟定于 2024 年 2 月前完成初稿。然而，限于时间紧迫，加上各自律师业务繁忙，我们时常只能利用工作日的晚间及周末的宝贵时光进行讨论、撰写、修改。

第二阶段，为“柳暗花明又一村”之境。本书的顺利推进离不开团队的默契合作与诸多人士的鼎力相助：陈可蕊、黄瑞阳律师为当时刚毕业之硕士研究生，应邀即刻加入团队并积极推进工作，同时也特别感谢黄瑞阳律师与各方协调统筹，使整体推进工作得以有序进行。浙江师范大学行知学院法学院的同学组成的“破坏金融管理秩序罪案例研讨小组”为本书案例的筛选工作提供了莫大的帮助。此外，钱来善主任的专业指导与经验支持，以及段知壮院长的建设性意见，都极大地促进了本书撰写的进展。

第三阶段，则为“轻舟已过万重山”之感。初接任务时的焦虑与不安已随时间而逝。如今，书稿已告基本完成，我深信，无论是书写，抑或人生，皆是一场不断修行的享受。通过本次撰写，我们的能力也得到了较大的提升。对此，我们怀着感激之情，并将永远铭记。

至于本书，或因经济环境之变化，破坏金融管理秩序相关犯罪近年来逐渐呈现易发、多发态势，且本书正是我们在该领域研究的阶段性总结，也是对自己责任与担当的交代。

最后，值此书稿完成之际，谨向浙江师范大学行知学院法学院的同学们表示特别的感谢。感谢其在“破坏金融管理秩序罪案例研讨小组”中积极参与本书相关章节的研究与讨论。名单如下：

高利转贷罪：何林燕、刘倩倩

擅自设立金融机构罪：陈博誉

骗取贷款、票据承兑、金融票证罪：何丝雨、施芸妮

非法吸收公众存款罪：任沛琦

伪造、变造金融票证罪：刘青、徐伊甸、黄奕

妨害信用卡管理罪：江美琳

擅自发行股票、公司、企业债券罪：张硕、王羿博

内幕交易、泄露内幕信息罪：傅仁杰、杨子衿、朱俊

操纵证券、期货市场罪：傅梦靓、黄景华、陈颖

违法发放贷款罪：叶佳玲、覃雨晴、韩欣雨

逃汇罪：沈心茹、郑雄豪

洗钱罪：吕淑婷、黄心怡、沈栩婷

钱来善　陈可蕊　黄瑞阳

2024 年 2 月 2 日